나를 지키는 매일 심리학

나를 지키는 매일 심리학

초판 1쇄 2020년 10월 5일

지은이 오수향

발행인 유철상
기획 조종삼, 윤소담
편집 이정은, 남영란, 이현주, 정예슬
디자인 조연경, 주인지, 최윤정
마케팅 조종삼, 윤소담

펴낸곳 상상출판
출판등록 2009년 9월 22일(제305-2010-02호)
주소 서울특별시 동대문구 왕산로28길 39, 1층(용두동, 상상출판 빌딩)
전화 02-963-9891
팩스 02-963-9892
전자우편 sangsang9892@gmail.com
홈페이지 www.esangsang.co.kr
블로그 blog.naver.com/sangsang_pub
인쇄 다라니
종이 ㈜월드페이퍼

ISBN 979-11-90938-13-6 (03180)

※ 이 도서의 국립중앙도서관 출판예정도서목록(CIP)은 서지정보유통지원시스템 홈페이지
(http://seoji.nl.go.kr)와 국가자료종합목록 구축시스템(http://kolis-net.nl.go.kr)에서
이용하실 수 있습니다. (CIP제어번호 : CIP2020039204)

나를 지키는 매일 심리학

무자비한 세상에서
단단한 방패막이 되는
34가지 심리 법칙

오수향 지음

상상출판

오늘을 잘 버티고, 지치지 않고 앞으로 나아가는 법

살다 보면 참 많은 일을 겪습니다. 인간관계에서 어려움을 겪거나, 이별의 아픔을 감내해야 하거나, 원하는 목표를 이루지 못해 좌절하거나, 예기치 못한 상황으로 낙망하여 자포자기할 때도 있습니다. 현재는 코로나19 바이러스로 인해 사람과의 관계도, 업무나 공부의 형태도 달라지게 됐습니다. 일을 제대로 할 수 없어 경제적으로 어려워지고, 집에서 머무르는 시간이 길어지면서 우울하고, 답답한 마음이 드는 참으로 힘든 시기입니다. 특히나 한 번도 겪어보지 못한 상황인 탓에 직장에서든 집안에서든, 나의 감정을 추스르기가 어려워졌습니다.

전 세계적인 바이러스로 인한 불확실한 상황이 언제 끝날지 모른다는 사실이 우리를 더 불안하게 만듭니다. 그런데 똑같이 어렵고 힘든 상황에서도, 감정적 동요 없이 묵묵히 자기 일을 수행하는 사람도 있습니다. 이들의 비법은 무엇일까요? 감정 훈련을 따로 받기라도 한 걸까요?

감정을 잘 조절해내며 심리적으로 무너지지 않는 능력은 분명 세상을 살아가는 데 큰 버팀목이 됩니다. 또한 단단한 마음가짐은 더 나은 삶을 모색할 수 있는 자산입니다.

강연을 하고 나면, 많은 분이 따로 찾아와 심리 상담과 심리 코칭을 부탁하곤 합니다. 그때마다 여러 상황으로 힘들어하시는 분들에게 작은 조언을 건네는데, 다들 다시 살아갈 희망과 꿈이 생겼다며 감사 인사를 하시곤 합니다. 이 경험들을 모아 나를 지키고, 전진할 수 있는 내면의 힘을 기르는 방법을 담은 책을 집필하고 싶었습니다.

필자의 가장 큰 장점은 역경지수가 높다는 것입니다. 필자의 어머니는 아주 어릴 적부터 매일 아침 필자를 포함한 3남매를 앉혀 놓고 "오늘도 날씨가 맑고 좋지? 자, 오늘도 즐겁게 파이팅!" 하고, 구호를 외치며 하루를 열었습니다. 때로는 구호를 그냥 지나치고 싶었던 적도 있었습니다. 그때마다 어머니는 "엄마는 네가 유명하고 돈 잘 버는 사람이 안 되어도 좋다. 그냥 즐겁고 행복하게 살았으면 좋겠어. 말하다 보면 이루어진단다!" 하며 꼭 외치도록 했습니다. 또 자기 전에는 "엄마는 돈을 벌어서 너희들 공부시킬 수 있고, 밥도 먹일 수 있으니 참 감사해. 너희는 오늘 어떤 것이 감사했어?" 하고 묻기도 했죠.
당시에는 귀찮고 쓸데없는 일이라고도 생각했지만, 지금 돌이켜보면 항상 긍정적인 마인드로 삶을 꾸려 가신 어머니의 양육 태도는 필자가 역경지수 높은 사람으로 크는 근간이 되지 않았을까 싶습니다. 그리고 심리 커뮤니케이션을 공부하며 이와 같이 역경을 이겨낼 수 있는 방법을 남들에게도 어떻게 하면 더 쉽고, 또 효과적으로 전달할 수 있을까를 연구하게 되었습니다.

이 책에는 필자가 강연 후 상담 등을 통해 가장 많이 들은 고민을 '자존감 상승', '자아 정체성 확립', '인간관계', '성과 달성', '난관 극복', '매력 상승', '건강한 삶' 등 7개 주제로 나누고, 삶이 힘들 때 떠올리면 좋은 심리 법칙과 연관 지어 제시하고 있습니다.

필자 역시 작년에는 1년에 300회 이상 강연을 했지만, 올해는 예정되어 있던 강연 스케줄이 줄줄이 취소되며 어려운 상황을 겪고 있습니다. 확연히 달라진 상황에 힘들지만, 현실을 직시하고, 버티어내려고 노력하고 있습니다. 그것이 바로 내일을 모색할 수 있는 방법이기 때문입니다.

행복의 한 쪽 문이 닫히면 다른 쪽 문이 열린다. 그러나 흔히 우리는 닫힌 문을 오랫동안 보기 때문에 우리를 위해 열려 있는 문을 보지 못한다.

-헬렌 켈러

힘들 때는 닫힌 문이 아니라 열려 있는 다른 문을 찾으시길 바랍니다. 불행에만 꽂혀 있는 시선을 돌리는 노력이 필요합니다. 아무리 힘든 상황이라도, 살아내야만 밝은 내일을 쟁취할 수 있습니다. 이별, 우울감, 외로움, 공허감, 좌절감 등 여러분을 괴롭히는 감정과 대면했을 때『나를 지키는 매일 심리학』이 단단한 방패막이 되기를, 비 오는 날 우산이 되어주기를 바랍니다. 지금의 상황을 슬기롭게 잘 극복해, 오늘보다 더 나은 내일의 주인공이 되시길 기원하겠습니다!

심리대화법 전문가 **오수향**

차 례

2장 자아 정체성을 확립해주는 심리학

3장 관계를 열어주는 심리학

4장 성과를 높여주는 심리학

5장 난관을 극복하는 심리학

1장

자존감을 키워주는 심리학

01

남에게 싫은 소리를 하기가 힘든가요?

착한 아이 콤플렉스

단단한 자아를 세우고, 남들에게 자신의 의견을 정확히 전달하려면 내면의 '착한 아이'를 미련 없이 버려야 한다. 오로지 남을 위해 좋은 사람이 되려고 노력할 필요는 없다.

20대 후반의 직장인 A가 ○○시에서 주최한 강연 후 필자를 찾아왔다. 한눈에 보기에도 예의 바르고, 조용한 스타일인 그녀의 고민은 연애 문제였다. 그녀는 대학생 때부터 지금까지 총 다섯 명의 남자친구를 사귀었는데, 전부 오래가지 않고 얼마 못 가 헤어졌다고 했다. 그녀가 한숨을 쉬면서 이야기했다.

"저는 항상 남자친구에게 잘해줬거든요. 단 한 번도 싫은 소리를 한 적이 없어요. 그런데 남자친구들은 항상 절 이용만 하다가 버리는 거예요. 왜 제가 만나는 사람들은 다 그런지 모르겠네요. 이제 저도 안정된 연애를 하고 싶은데 가능할지 걱정돼요."

사연이 사연인 만큼 말하는 도중에 화를 낼 만도 했지만, 그녀는 그런 일 없이 말을 조곤조곤 이어갔다. 좋지 않은 속 이야기를 했으니 미간을 찌푸리는 등 표정이 어두워지는 게 당연했지만 그녀는 그러지 않았다. 대신 말을 끝내자마자 미소를 지어 보였다.
필자는 그녀에게 조언해주었다.

"남자친구에게 싫은 소리를 한 번도 하지 않았다고 말했죠? 그게 좀 이상하네요. 보통의 연애는 서로 티격태격하는 게 당연하죠. 물론 처음부터 나쁜 사람도 있지만, 보통은 두 사람이 대화하며 함께 맞추어갑니다. 그래야 서로가 어떤 사람인지 자세히 알게 되고, 연애도 오래가죠. 연인 관계가 되면 서로에게 바라는 게 많아지므로, 누구나 상대방에게 불만이나 고쳤으면 하는 점이 생깁니다. 이를 그때그때 표출해서 상대로부터 피드백을 받아야 해요. 이게 보통의 연애라고 봐요."

긴 상담 끝에 필자는 그녀가 **착한 아이 콤플렉스**Good Boy Syndrome 라고 판단했다.

타인으로부터 착하다는 반응을 듣기 위해 내면의 욕구나 소망을 억압하는 말, 행동을 반복하는 심리적 경향

엄격한 부모 밑에 자라며 기대에 부합하는 행동을 하도록 교육받아온 사람에게 주로 생기는 콤플렉스이다. 그들의 머릿속엔 '부모님 말씀은 늘 옳고, 나를 위한 말이야. 부모님 말씀을 잘 듣는 건 착하고, 잘 듣지 않는 건 나빠. 나는 무슨 일이 있어도 착한 길을 따라가야 해'라는 잠재의식이 뿌리 내려 있다. 실제로 그녀의 부모님은 두 분 모두 초등학교 교사이며, 다른 사람에게 고압적으로 명

령을 내리는 편이라고 했다.

'정해진 규칙을 잘 따라야만 착한 아이다'라는 교육을 지속해서 받게 되면, 아이는 자기 내면의 목소리를 부정하게 된다. 자신이 본래 하고 싶은 일, 부모님에게 요구하고 싶은 일이 있어도 진짜 감정을 감추고, 대신 부모가 원하는 대로 행동한다. 즉, '착한 아이'라는 소리를 듣기 위해 늘 자신의 욕구를 억압한 채 생활한다. 문제는 이 아이가 집밖에서도 마찬가지로 조심스럽게 행동하며, 성인이 되어서까지 그 습관이 이어진다는 것이다. 결국 아이는 남에게 싫은 소리는 절대 하지 못하는 어른으로 성장하게 된다.

상담을 하러 온 A의 경우, 교육자인 부모님 밑에 자라면서 '착한 아이'가 되어야 한다는 강박감이 생겼고, 성인이 된 후에도 이어졌다. 그래서 이성 친구를 사귈 때에도 '착한 아이'로 보이고자 자신의 요구를 제대로 표현하지 못했다.

착한 아이 콤플렉스를 가진 사람이 참 많다. 그러나 의외로 자신이 남들에게 싫은 소리를 못 하는 게 이상하다고는 생각하지 않는 경우도 많다. 그들에게는 착한 게 당연하기 때문이다.

다음은 '착한 아이 콤플렉스 진단'이다. 항목 중 4개 이상 해당한다면 착한 아이 콤플렉스가 있다고 볼 수 있다.

- ☐ 모두에게 사랑받으려고 애쓴다.
- ☐ 타인의 부탁을 거절하지 못하는 편이다.
- ☐ 타인에게 맞춰주지 않으면 버림받을 것 같다.
- ☐ 타인의 감정을 상하게 할까 봐 주장을 강하게 하지 못한다.
- ☐ 속이 상해도 안 그런 척할 때가 많다.
- ☐ 타인이 부담스러울까 봐 부탁을 하지 못한다.

당신이 만약 길을 건너다가 누군가 달려와 부딪쳤다고 하자. 이때 입에서 자동으로 '죄송합니다'라는 말이 튀어나오는가? 엄격히 따지면, 먼저 다가와 부딪힌 사람이 당신에게 사과해야 한다. 그런데 착한 아이 콤플렉스가 있는 사람은 선후 관계를 따지는 대신 일단 먼저 사과를 하고 만다.

또한 남이 아무리 무리한 부탁을 해와도 거절하지 못하거나 남의 눈치를 많이 보는 것, 다른 사람의 감정을 해치지 않기 위해 과도하게 애쓰는 것도 착한 아이 콤플렉스에 해당한다. 자기주장을 내세우기를 꺼리고, 타인에게 자기 일을 도와달라고 부탁하기도 힘들어한다. 그러면서도 늘 밝은 표정을 지으며 자신을 위장한다.

내면에 '착한 아이'가 사는 사람은 정상적인 사회생활이 가능할까? 겉으로는 에너지가 넘치고 상냥한 사람처럼 보이지만, 속에서는 우울증과 자기비하, 무기력증에 빠져 있을 확률이 높다. 내면의 착한 아이를 온전히 만족시켜주는 게 불가능하기 때문이다. 아주 심한 경우, 조금만 잘못해도 돌이킬 수 없다는 절망감에 사로잡혀 오랫동안 괴로워하기도 한다.
많은 사람이 착하게 살기 위해 노력하고 있다. 착한 사람이 되려는 노력은 절대 나쁜 게 아니다. 문제는 자신을 희생하면서까지 타인을 배려하고, 착한 사람이 되기 위해 애를 쓴다는 것이다. 남에게 '착한 아이'가 되지 못한다고 우울해하거나 불행에 빠질 필요는 없는데도 말이다.

가톨릭영성심리상담소 소장인 홍성남 신부는 마음이 건강해지기 위해서 착한 척을 그만둬야 한다고 한다. 수많은 사람의 마음을 치료해오며 그가 깨달은 최고의 치료법이다. 그는 타인의 기대에 의해 결정된 행복은 빈 껍데기일 뿐이며, 스스로 행복해지기 위한 방법을 찾아야 한다고 말한다.

"착한 척을 그만둔다는 것이 상대를 배려하지 말라는 뜻은 아닙니다. 자신의 의사를 확실하게 표현하되, 상처를 주지 않는 방법으로 상대를 대하는 게 착한 것입니다."

단단한 자아를 세우고, 남들에게 자신의 의견을 정확히 전달하려면 내면의 '착한 아이'를 미련 없이 버려야 한다. 오로지 남을 위해 좋은 사람이 되려고 노력할 필요는 없다. 이제 굳이 착한 사람이 되려고 하지 말자. 남으로부터 얼마든지 미움받아도 된다.

02

나 자신이 못나 보이나요?

완벽주의

이제 스스로 완벽주의의 주문을 걸지 않는다. 더는 완벽해야 할 이유가 없기 때문이다. 대신 이대로 온전한 자신을 받아들이기로 했다.

명문대 법학과 출신 B가 강연 후 필자를 찾았다. 그는 대학을 졸업한 지 1년밖에 안 됐지만 준비하던 시험에서 세 번이나 내리 떨어졌다고 했다. 다만, 합격점과 근소한 차이인 탓에 꾸준히 도전하면 조만간 시험에 합격할 수 있을 것으로 보였다. 그런데도 그는 심한 우울증을 호소했다.

"저는 학창 시절 1등을 놓친 적이 없어요. 그런데 막상 대학에 입학하고 나니 저보다 뛰어난 학생들이 너무 많은 거예요. 친구 중엔 대학을 졸업하자마자 행정고시에 합격한 경우도 있어요. 저도 원래 목표는 대학 졸업과 동시에 시험에 합격하는 거였어요. 그런데 그게 수포로 돌아가고 말았으니, 얼굴을 들고 다니기가 너무나 힘들어요."

그의 아버지는 같은 명문대 출신의 판사였고, 어머니는 의사였다. 게다가 아버지는 재학 중 사법고시에 합격했고, 어머니도 의사고시에 수석으로 합격했다고 했다. 이런 부모님 밑에 자란 그는 더더욱 완벽하지 않으면 의미가 없다고 생각했다.
처음 세운 목표를 달성하지 못한 그는 자신이 너무나 초라하게 느껴졌고, 실패했다는 사실을 받아들일 엄두도 나지 않았다. 다시 도전할 의욕이 사라졌고, 삶에 대한 욕구마저 잃어버리고 말았다. 필자는 그에게 말했다.

"완벽주의에 사로잡혀 있군요. 완벽주의에 빠진 경우, 결과를 이루는 것뿐 아니라 과정 하나하나에도 지나치게 의미를 부여해 완벽하지 않으면 의미가 없다고 생각합니다. 자신의 부족한 부분만 눈에 크게 보여 늘 불안할 수밖에 없지요."

이처럼 객관적으로 능력이 있는데도, 부담을 느끼며 심한 스트레스를 받는 사람이 적지 않다. 이를 **완벽주의**Perfectionism라고 한다.

목표 달성을 위해서 결함 없이 완전함을 추구하려는 태도

지나친 완벽주의를 하나의 질환으로 보는 의견도 있는 만큼, 그대로 방치해서는 안 된다. 언뜻 긍정적으로 보일 수도 있지만, 완벽주의가 심할 경우, 다음과 같은 폐해가 있다.

① 완벽주의는 비합리적인 목표를 세우고, 그것을 어떤 식으로든 달성하도록 만든다.

② 완벽주의는 자신의 부족함과 실수를 용인하지 못하게 한다.
③ 완벽주의가 있으면 타인의 기대를 만족시키는 것을 목표로 삼게 되므로 자아 상실을 야기한다.
④ 완벽주의는 소중한 시간과 에너지를 소진시킨다.
⑤ 완벽주의는 불안함과 우울증, 스트레스를 불러일으킨다.
⑥ 궁극적으로 완벽주의는 번 아웃을 유발한다.

한때 필자는 소위 '억대 강사' 반열에 올랐다. 매주 스케줄이 빼곡하게 채워졌고, 전국적으로 강의가 잡혀 있었다. 불러주는 곳이면 어디든 달려가서 열정을 다해 강의했다. 공무원, 기업인, 대학생 등 다양한 직군의 청중에게 박수갈채를 받았으며, 강의 평가에서도 호평을 받았다. 청중의 호응을 받으면, 더 열심히 강의할 수 있었다. 이와 함께 적잖은 돈이 계좌에 입금되었기에 의사나 대기업 임원도 부럽지 않았다. 하지만 자격지심을 완전히 떨쳐낼 수 없었다. 특히 명문대 출신이고, 필자보다 인지도가 높은 강연자들을 부러워했다.

자신을 낮추는 생각이 쉽게 사라지지 않았다. 시간이 지날수록 필자는 계속 유명해졌지만, 더 유명한 강연자들과 비교하면서 반대로 에너지는 점점 고갈되어갔다. 그때 작가 앤 윌슨 셰프Anne Wilson Schaef의 명구절을 접했다.

"완벽주의는 최고의 자학이다."

필자의 문제를 정확하게 짚어주는 문장을 보는 순간, 망치로 한 대 맞은 것 같았다. 필자는 목표했던 대로 사랑받는 스피치 강사가 되었지만, 완벽주의에 사로잡힌 나머지 가지지 못한 조건을 떠올리며 자학하고 있었다. 에너지가 늘 채워지지 않고, 밖으로 새어나가는 것도 당연했다.

이때부터 필자는 이룰 수 없는 목표는 과감히 버리기로 했다. 가장 먼저 출신에 대한 미련을 떨쳐내려고 노력했다. 쉽지는 않았지만, 명문대 출신은 아니어도 유명 강사 반열에 오른 자신을 진심으로 사랑할 수 있었다. 가장 신경 쓰이는 것에서 벗어나니 외모 등 다른 콤플렉스에서도 차차 벗어날 수 있었다.

필자는 이제 스스로 완벽주의의 주문을 걸지 않는다. 더는 완벽해야 할 이유가 없기 때문이다. 대신 이대로 온전한 자신을 받아들이기로 했다.

스스로 가치가 없다고 느끼는가? 자신이 실패자로 보이는가? 나는 사랑받을 자격이 없다고 생각하는가? 그런 생각이 드는 이유는 사실이어서가 아니라, 당신이 완벽주의의 덫에 걸렸기 때문이다. 완벽주의 망상을 걷어내면, 찬란히 빛나는 자신을 발견할 수 있을 것이다.

03

내 성공이 운인 것 같아 불안한가요?

가면 증후군

지금 자신이 누리는 것은 누군가가 나를 도와줘서, 혹은 우연히 때가 맞아서 이룬 것이 아니다. 성공은 나 자신이 존재해야만 이룰 수 있는 것이고, 내가 만들어낸 것이다.

"남들과 비교할 만한 특기가 있냐고요? 제 실력도 실력이지만, 운도 많이 따른 것 같아요."
"제가 이뤄낸 성공에 걸맞은 자격이 있을까요?"
"남들이 제가 실력보다 외모로 성공한 것 같다고 하는데, 어떻게 보면 맞는 말 같기도 해요…."

현재 사회에서는 같은 능력이라면 남성을 우선시하는 경우가 많다. 이런 상황에서 초인적인 노력을 통해 가까스로 성공의 자리를 꿰찬 소수의 여성은 자신의 성공을 온전히 받아들이지 못한다. 비슷한 예가 적기 때문에, 성공을 당연한 것으로 여기기 힘든 탓이다. 어쩌다 운이 좋아서 성공했다고 생각하며 자신의 노력을 평가절하하고, 사기꾼처럼 사람들을 속이고 있다는 걱정에 늘 다른 사람들의 시선을 의식한다.
일부 남성들도 이런 말을 하는 경우가 있지만 상대적으로 매우 적다. 그 이유는 성공한 소수자들이 겪는 대표적인 증후군 현상이기 때문이다.
이 증상을 **가면 증후군**Imposter Syndrome이라고 한다.

자신의 성공을 노력이나 실력이 아니라 운 때문이라고 평가절하

하며, 가면이 벗겨지는 것처럼 실제 실력이 드러날까 봐 두려워하는 심리 상태

이는 1978년 미국 조지아주립대의 심리학자 폴린 클랜스Pauline Clance와 수잔 임스Suzanne Imes가 처음 사용한 용어이다.

필자에게도 비슷한 증상이 찾아왔다, 모두 그런 것은 아니지만, 필자가 주로 강의를 의뢰받는 기업에서는 전문성이 뛰어난 남성 강사들이 두각을 나타냈다. 오기가 발동했고, 필자가 부족한 강사가 아니라는 것을 증명하기 위해 두세 배 더 철저하게 준비했다. 잠자는 시간도 아끼면서 자료를 준비하고, 수없이 강의 연습을 했다. 그런 고생 끝에 필자의 강의에 대한 입소문이 흘러나오기 시작했다. 삼성, LG, SK, 현대, 롯데 등 국내 10대 기업을 비롯한 전국 곳곳에서 필자를 부르면서 승승장구하고 있었지만, 이상하게도 혼자 있으면 우울한 생각이 밀려왔다.

'정말 내 힘으로 이 자리에 올라온 게 맞나? 순전히 운이 좋아서가 아닐까? 사람들이 내 진짜 모습을 볼까 걱정이 되네. 사람들이 필자가 부족함을 채우기 위해 엄청 애쓰고 있다는 걸 알아차리진 않을까?'

시간이 흐른 후에야 필자가 가면 증후군을 겪고 있다는 사실을 깨달았다. 필자뿐 아니라 주위의 많은 여성이 비슷한 증상을 호소했기 때문이다. 이는 필자만의 특수한 문제가 아니라 소수자에게 일반적으로 생기는 심리 상태였다.
클랜스는 가면 증후군이 성별이나 인종, 나이, 직업군과 관계없이 흔하게 나타나는 심리 상태라고 말한다. 또한, 가면 증후군에 빠지는 사람들은 자신의 성취를 다른 사람들도 누구나 할 수 있는 업적으로 바라본다고 언급했다.

"연구 결과, 70% 이상의 사람이 가면 증후군을 평생 한 번 이상 겪는다. 높은 지위에 있는 사람일수록 그 빈도가 높았다."

미국 시카고의 노동자 가정에서 자라난 흑인 여성이 있다. 그녀는 흑인, 여성에 대한 차별과 편견에도 불구하고 악착같이 공부해 명문인 프린스턴대에 입학했다. 사람들은 운이 좋아서 명문대에 입학한 거라며 그녀의 능력을 의심했지만 꿋꿋이 학업에 매진했고, 훗날 하버드대 로스쿨에 진학해 변호사로 성공했다. 그녀는 바로 미셸 오바마Michelle LaVaughn Robinson Obama이다. 그런 그녀도 흑인 여성으로서 가면 증후군을 겪었다고 밝혔다.

"사회가 '당신은 거기 있어서는 안 된다'라고 이야기하기 때문에 여성들은 가면 증후군을 겪곤 합니다. 그러나 여성, 그리고 다르게 생각하고, 다른 종교적 믿음을 가진 사람들이 필요합니다. 진실과 정답은 다양한 경험으로부터 나오기 때문입니다."

이외에도 유명한 글로벌 여성 기업인, 배우들 역시 가면 증후군에 시달렸음을 고백한다. 페이스북 최고 운영책임자인 셰릴 샌드버그Sheryl Sandberg는 말했다.

"무언가를 잘 해낼수록 점점 더 자신이 무능력하다는 느낌이 커져 갔어요. 시간이 지날수록 사람들이 내가 무능하다는 걸 알아차릴 것만 같았습니다."

6개 국어를 구사할 만큼 역량이 뛰어난 배우인 나탈리 포트만Natalie Portman 역시 2015년 치러진 하버드대 졸업식 연설에서 고백했다.

"1999년 하버드대 신입생으로 섰을 때와 같은 기분이 드네요. 입학식 날 느꼈어요. 이건 실수라고! 난 여기 있는 사람들 사이에 있기엔 충분히 똑똑하지 못했거든요. 그 후 입을 열 때마다 '난 멍청한 여배우가 아니야!'라는 걸 증명하는 데 너무 많은 애를 쓰고 시간을 소비했어요. 일부러 신경생물학이나 고급 히브리어 문학처럼 어려운 수업만 골라 들었죠…. 사실 내가 유명했기 때문에 입학한 거였어요."

타인의 감정과 불안감을 전부 알 수는 없다. 하지만 가면 증후군이 있는 사람은 유독 자신의 근거 없는 불안감에 몰두하기 때문에, 다른 사람들은 이런 불안감을 느끼지 않을 것이라 믿는다. 즉, 불안감에 휩싸여 있는 자신과 달리 남들은 불안감도 느끼지 않고, 모든 면에서 유능할 것이라 치부한다. 심리학에서는 '다원적 무지'라고 부르는 현상이다.
가면 증후군이 생기면 자신이 능력 이상으로 모두를 속이고 있다는 착각에 빠지고, 다른 사람들의 생각을 초조하게 살피게 된다. 열심히 노력하는 사람일수록, 유능하면 할수록 자신의 능력치를 의심한다는 건 참으로 어처구니없는 일이 아닐 수 없다. 그렇다면 자신을 믿고, 가면 증후군에서 빠져나오기 위해선 어떻게 해야 할까?

가면 증후군을 치료할 수 있는 뚜렷한 방법은 없다. 다만, 심리학자 해럴드 힐먼Harold Hillman에 따르면 가면 증후군을 느끼는 자신의 감정을 인정하고, 있는 그대로의 자신을 사랑하고 받아들이는 것이 중요하다고 한다.

① **가면 증후군을 인정하라 :** 유능한 사람인 만큼 가면 증후군을 겪고 있다는 사실을 인정하는 게 힘들고 부끄러울 수 있다. 하지만 용기를 내서 현재 상태를 받아들이는 게 치료의 시작이다. 늘 초조하고, 혼자서 일을 전부 처리해야 마음이 놓이며, 일이 문제 없이 진행되는데도 자신에게 불신감이 든다면 가면 증후군을 의심해봐야 한다.
② **비슷한 경험이 있는 사람들과 만나라 :** 혼자 생각하는 대신 자신의 감정을 여러 사람과 공개적으로 이야기한다.
③ **매일 자신의 성취를 기록하라 :** 현재의 성공을 이룬 결정적인 원동력은 모두 나에게서 나왔다. 자신의 노력을 매일 기록하고, 확인하면 성공에 대한 확신이 생긴다.
④ **현재의 자신을 있는 그대로 사랑하라 :** 설령 현재의 성공이 무너진다고 해도 나 자신은 그대로이다. 항상 자신을 중심에 두고, 현재의 나를 사랑하는 습관을 들인다.

필자의 경우, 비슷한 증상을 겪는 여성들과 만나 허심탄회하게 대화를 나누자 근거 없는 불안감이 사라지며 위로가 되었다. 지금 자신이 누리는 것은 누군가가 나를 도와줘서, 혹은 우연히 때가 맞아서 이룬 것이 아니다. 성공은 나 자신이 존재해야만 이룰 수 있는 것이고, 내가 만들어낸 것이다.

04

실패 경험 때문에 낙담 중인가요?

벽에 붙은 파리 효과

부정적인 감정의 수명은 단 90초에 불과하기에, 조용하게 상황을 바라보는 것만으로 사라지게 할 수 있다.

30대 중반인 B는 올해도 여러 곳에 입사지원서를 냈다. 하지만 면접을 보러 오라고 연락이 돌아온 곳은 한 곳도 없었다. 그는 서울 소재 상위권 대학의 경영학과 출신이었고, 각종 스펙으로 무장했다. 그런데도 어느 순간부터는 서류 합격 전화조차 오지 않는 상황이다.

그가 취업 시장에 늦게 뛰어든 이유는 대학 재학 시절, 꿈을 좇아 공인회계사시험에 도전했기 때문이었다. 대학 1학년 때부터 오랜 시간을 시험 준비에만 열정을 쏟아부었지만 결국 실패했고, 뒤늦게 취업 준비를 시작했다.

꿈 대신 처음부터 기업체 입사 시험에 집중했더라면 지금쯤 안정적인 직장인이 되었을 것이라는 후회가 불쑥불쑥 들었고, 그때마다 자신이 실패자가 된 것 같아 크게 낙담했다. 온몸에서 힘이 빠졌고, 매일 술을 마시게 됐다.

그는 여전히 매일 근처 도서관을 찾는다. 하지만 무기력증 때문에 공부에 제대로 집중할 수 없다. 계속 취직 공부를 한다고 해도 서른이 넘은 자신을 받아줄 곳이 더 이상 없을 것이라는 두려움이 엄습하고 있다.

"점점 의욕은 나지 않고, 나 자신이 싫어져서 눈앞이 캄캄합니다.

실패 경험 때문에 아무것도 할 용기가 안 나네요."

20대 후반인 E는 1년여 동안 집 밖으로 한 발짝도 나오지 않고 있다. 그녀는 4년제 대학의 인문학과를 졸업 후 3~4년 동안 각종 스터디를 하면서 수없이 많은 곳에 입사 지원을 했지만 면접만 몇 차례 보았을 뿐이다. 탈락 경험이 많아질수록, 좌절감은 점점 커졌다. 결국 그녀는 집 안에서만 시간을 보내는 은둔형 외톨이가 되었다. 방에서 컴퓨터를 하는 동안에는 고통을 잊을 수 있었다. 하지만 이외의 시간에는 견딜 수 없는 절망적인 현실이 떠오르곤 했다. 그녀는 시시때때로 혼잣말을 했다.

"이렇게 사느니 차라리 모든 걸 그만두고 싶어. 신이 나를 포기한 것 같으니 나도 세상을 포기해도 되지 않을까?"

원하는 직장에 취업하거나 꿈을 이루기가 너무나 힘든 상황에서, 많은 이의 마음이 처참하게 피폐해지고 있다. 하지만 어찌 됐든 다시 책상에 앉아서 미래를 준비해야만 실낱같은 희망을 낚아챌 수 있다. 그마저도 하지 않으면 가능성은 완전히 사라지며, 자신감은 더더욱 떨어질 수밖에 없다.

물론 말처럼 쉬운 일은 아니다. 수없이 많은 실패의 상처가 마음을 다잡으려 노력하는 이들을 괴롭힌다. '실패했다'는 좌절감과 무력감을 곱씹다 보면 현재 상황에 온전히 집중하기가 어렵다. 이처럼 실패와 좌절 속에 갇혀서 무기력해질 때, 극복을 도와주는 심리 법칙이 바로 **벽에 붙은 파리 효과**Fly-on-the-wall Effect이다.

실패하거나 좌절했던 상황을 제3자의 객관적인 시각으로 바라보면 초연해질 수 있다는 주장

미국 버클리대의 심리학자 오즈렘 에이덕Ozlem Ayduk과 미시간대의 이선 크로스Ethan Kross는 흥미로운 실험을 했다. 피험자들을 두 그룹으로 나눠 각각 다른 시각으로 과거의 실패를 떠올리게 한 후 생기는 감정을 조사한 것이다.
한 그룹은 자신의 실패 경험을 1인칭 시점으로 회상하게 했다. 그러자 이 그룹에 속한 사람들은 혈압과 심박 수가 높이지면서 불쾌한 감정을 느꼈다고 말했다. 다른 한 그룹은 실패 경험을 제3자의 객관적인 시점으로 바라보게 했다. 그러자 혈압과 심박 수에 큰 변동이 없었고, 불쾌한 감정조차 생기지 않았다. 본인에게는 아무리 힘든 경험이라고 하더라도, 제3자가 객관적으로 바라볼 때는 마치

벽에 붙은 파리가 같은 상황을 보는 것처럼 별 의미가 없다는 뜻이다. 그래서 이 심리 법칙은 '벽에 붙은 파리 효과'로 명명되었다.

살아가면서 매번 성공만 하는 사람은 찾아보기 힘들다. 더욱이 요즘은 신입사원을 적게 뽑는 상황이다 보니, 대학 입학까지는 성공만 해오던 청춘들도 실패의 고배를 마실 수밖에 없다. 이제는 한숨을 돌리고, 자신의 실패를 현실로 받아들여야 한다. 인식을 전환해야만 다시금 일어날 수 있다.
실패를 자신의 삶 일부로 받아들이기 위해서는, 좌절감과 낙심을 극복하는 게 무엇보다 중요하다. 이때 필요한 게 앞서 설명한 '벽에 붙은 파리 효과'다.

실제로 뇌 연구로 유명한 하버드대 의과대학의 질 볼트 테일러Jill Bolte Taylor는 부정적인 감정의 수명은 단 90초에 불과하기에, 조용하게 상황을 바라보는 것만으로 사라지게 할 수 있다고 주장했다.

"부정적 생각이나 감정의 자연적 수명은 90초이다. 우리가 화를 내는 순간 스트레스 호르몬이 온몸의 혈관을 타고 퍼져 나가는데, 90초가 지나면 저절로 완전히 사라진다."

실패로 인한 좌절감, 낙심 역시 90초면 줄어든다. 그런데도 계속 해서 괴로운 감정에 시달리고, 시간이 갈수록 더 심해지는 이유는 1인칭 관점으로 사건을 기억하고 곱씹으며 점점 더 매몰되기 때문이다. 마치 불길에 기름을 붓는 격이다.

이를 피하고 싶다면 우선 1인칭 관점에서 벗어나야 한다. 벽에 붙은 무심한 파리처럼, 3인칭의 객관적인 관점으로 자신의 실패를 마주해보자. 상상력을 동원해, 좌절감과 낙심으로 고통스러워하는 자신을 제3자처럼 바라보라. 어렵겠지만, 일단 한번만 성공해보면 부정적인 감정이 순식간에 사라지는 현상을 경험할 수 있다.

파키스탄의 구루 슈리 푼자Sri H. W. L Poonja는 "내면을 바라보라. 그곳에는 그대, 참나, 구루 사이에 아무런 차이가 없다"며 감정의 덧없음을 이야기했다.

나, 진짜 나, 깨달은 스승의 다른 점이 없을 뿐만 아니라 나, 제자도 없고, 가르침도 없다고 한다. 이런 내면에 불쾌와 유쾌라는 감정적 차이가 있을까? 부정적 감정과 긍정적 감정 역시 본래는 차이가 없지 않을까? 제3자의 관점으로 조용히 내면을 바라보면 알 수 있을 것이다.

05

남에게 열등감을 느끼는 자신이 미운가요?

개인심리학

열등감 자체가 문제되진 않는다. 열등감을 활용해 자신의 목표를 성취할 수 있도록 잘 관리하는 게 중요하다.

대학생 K는 소위 말하는 '튀는 스타일'이었다. 붉은색이나 노란색으로 머리를 염색하고, 번쩍거리는 액세서리를 했으며, 현란한 색상의 옷을 즐겨 입었다. 평범하지 않은 그의 패션은 자주 사람들의 이목을 끌었다.

단체 행동에도 잘 적응하지 못했다. 학과에서 행사를 할 때면 독단적으로 벗어나는 일이 많았다. 강의실에서도 마찬가지로, 수업 중에 노트북을 펼쳐놓고 요란하게 키보드를 치거나, 교수님의 말이 다 끝나지도 않았는데 번쩍 손을 들고 질문하며 눈에 띄게 행동했다.

그는 늘 자신만만해 보였지만, 이상하게도 주변에 친구가 적었다. 친구들과 만날 때 역시 왠지 모를 벽이 느껴졌다. 점점 더 외톨이가 되어가던 그는 강연 후 필자를 찾아왔다. 그의 고민을 들은 필자는 단박에 잘라 말했다.

"열등감이 있는 듯합니다."

"그걸 어떻게 아셨습니까?"

"열등감을 가진 사람은 소극적이고 내성적일 것 같지만, 그렇지 않은 경우도 있어요. 열등감이 있다는 사실을 다른 사람에게 감추려다 보니 더욱더 튀는 행동을 하지요."

그는 그때서야 속마음을 털어놓았다. 부모님과 친척이 모두 명문대 출신이고, 사촌들도 공부를 잘해서 명문대에 다니고 있는데 자신은 성적이 좋지 않아 목표한 것보다 낮은 대학에 갔다는 이유로 무리에 끼지 못했다고 했다. 그는 첫째 아들이었기에 더욱더 비교 대상이 됐다. 부모님과 사이가 나빠졌고, 친척과의 모임에도 자주 빠지기 시작했다.
원래 조용하던 성격의 그는 대학생이 되면서부터 외향적인 스타일로 변해갔다. 무엇을 하든지 남의 시선을 끌어야 했고, 남들 앞에 나서서 행동해야 만족스러웠다. 어딜 가든 주목을 받았으나, 열등감이 해소되기는커녕 점점 심해져 갔고, 마음을 터놓을 만큼 친한 친구는 한 명도 사귀지 못했다.

최근 '열폭(열등감 폭발)'이라는 줄임말로 더 자주 접하게 되는 열등감. 사전적 의미는 '다른 사람에 비해 자신이 뒤떨어졌거나 능력이 없다고 생각하는 만성적인 감정 또는 의식'이다. 자존감의 최대 적이 아닐 수 없다. 그런데 의외로 대부분의 사람이 정도의 차이만 있을 뿐 열등감을 느끼고 있다. 겉으론 당당하고, 무슨 일에든 적극적으로 나서는 사람도 열등감을 가지고 있는 경우가 많다. 단, 열등감이 표출되는 방법은 다섯 가지 유형으로 나누어진다.

① **현실 도피 유형 :** 받아들이기 싫은 일은 무조건 피하고 본다.
② **유머러스한 유형 :** 겉으로는 낙천적으로 보이지만 유머로 열등감을 감춘다.
③ **우유부단한 유형 :** 줏대가 없고, 주위 사람에게 인정받기 위해 갈팡질팡하며 선택을 미룬다.
④ **나약한 겁쟁이 유형 :** 새로운 일이나 경쟁을 피한다.
⑤ **공격적인 유형 :** 공격적인 행동이나 눈에 띄는 행동을 해 주목받는 것으로 안정감을 찾는다.

열등감을 가진 사람은 현실 도피적이고, 우유부단하며, 나약한 모습으로 묘사되는 경우가 대부분이다. 하지만 그렇지 않은 경우도 있다. 잘 웃고, 시도 때도 없이 유머를 날리는 사람은 낙천적인 것처럼 보이지만, 사실은 열등감을 숨기기 위한 방법으로 웃음을 채택한 것일 수도 있다. 말투나 행동이 외향적이지만, 때때로 말을 툭툭 던져 상대방을 쉽게 기분 나쁘게 하는 사람도 있다. 이런 유형은 외형적이고 행동이 앞서는 사람으로 치부하기 쉽지만, 사실은 그렇지 않다. 열등감을 감추려는 방편으로 공격성이 표출된 것이다. 대학생 K가 바로 공격적인 유형이었다.
이렇게 본다면, 열등감을 갖고 있는 사람은 예상보다 훨씬 더 많다. 대부분이라고 해도 과언이 아니다. 하지만 열등감이 있다는 사실 자체가 전적으로 문제가 되는 것은 아니다.

예를 들어, 아돌프 히틀러는 찢어지게 가난한 집안에서 태어났으며 주정뱅이 아버지, 낙제와 퇴학, 변변하지 못한 학벌 등으로 인해 열등감의 화신이 되었다. 그는 특히 부유하고 똑똑한 사람이 많은 유대인에 대한 증오감을 가졌고, 결국 제2차 세계대전 중 600만 명에 가까운 유대인을 학살했다.
이와 달리 열등감을 자신감으로 승화한 사례도 적지 않다. 스티븐 호킹Stephen William Hawking은 루게릭병 때문에, 버락 오바마Barack Obama는 흑인이기 때문에 열등감을 가졌다. 하지만 이들은 멋지게 열등감을 극복해 각각 위대한 물리학자, 전 미국 대통령이자 노벨 평화상 수상자가 되었다.

무엇보다 빼놓을 수 없는 사람은 역시 개인심리학의 거장인 알프레드 아들러Alfred Adler이다.
그는 구루병을 앓으며 태어났고, 매사에 행동이 느린 아이였다. 그는 형제와 친구로부터 따돌림을 받았으며, 중학교 때는 수학을 너무 못해 선생님으로부터 자퇴한 후 구두 수선공이 되라는 말까지

들었다고 한다.

하지만 그는 선생님 말에 오히려 자극을 받았고, 공부에 매진한 덕분에 중학교를 졸업할 때는 반에서 최우수 학생이 되었다. 질병으로 인해 육체적, 정신적 고통을 겪고 심한 열등감에 빠져본 경험이 있던 그는 훗날 의사가 되기로 결심하고 빈대 의과대학에 입학하게 된다. 이후 심리 상담소를 열었고, 열등감과 정신적 문제로 고생하는 사람들에게 많은 도움을 주었다.

그는 수많은 임상과 연구를 토대로 **개인심리학**Individual Psychology을 정립했다.

개인을 이해하는 데 있어 사회적 맥락과 그의 생활 방식, 열등감의 역할을 강조하는 심리학

개인심리학에서 인간은 타고난 열등감을 극복하고 우월성을 성취하려는 존재이다. 또 그는 열등감의 긍정적인 면에 대해 이렇게 말했다.

"열등감, 불안감은 삶의 목표를 세우게 하고, 그 목표가 구체화되도록 도와준다. 사람은 이미 신생아 때부터 관심을 받고 싶어 하

며, 어떻게 하든 부모의 주의를 끌려고 노력한다. 이 같은 인정 욕구는 열등감의 영향 속에서 발전해가며, 아이가 주위 환경보다 더 우월해 보이는 목표를 설정토록 유도한다.”

열등감을 바라보는 태도를 바꿔보자. 열등감 자체가 문제되진 않는다. 열등감을 활용해 자신의 목표를 성취할 수 있도록 잘 관리하는 게 중요하다. 열등감을 인지하고 긍정적으로 잘 관리하면, 자신도 모르는 내면의 에너지를 찾고 좋은 방향으로 사용할 수 있다. 그 에너지가 삶의 활력이 되지 않을까?

2장

자아 정체성을 확립해주는 심리학

06

계속 스스로를 속이고 있는 기분이 듭니다

방어기제

자신의 의지와 상관없이 돌출되는 다양한 행동은 자신을 속이려는 게 아니라 보호하려는 것이다.

"남자친구가 이별을 통보했는데 농담이라고 생각될 뿐 받아들지 못하겠어요." -부정
"내 잘못을 인정하지 않고 남 탓을 해요. 이런 내가 싫어요." -투사
"속마음은 그렇지 않은데 자꾸 거짓말을 하게 돼요." -반동

일이 잘 풀리지 않아 푸념을 해본 분들이 많을 것이다. 이렇게 해결책은 없이 불평만 하다 보면, 문제를 회피하는 자신이 한심하게 생각된다. 심할 경우, 정신적으로 문제가 있지 않은지 걱정하거나 자신의 정체성에 대해 심각한 고민을 하게 된다. 하지만 문제점을 인식하는 진짜 '나'와는 다르게 본능적으로 반응하는 건 모두가 당연하게 겪는 일이다.

사람의 인격을 뜻하는 퍼스낼리티Personality라는 단어는 가면이라는 어원이 있는 페르소나Persona에서 나온 말이다. 즉, 인격은 겉으로 보이는 것과 똑같지 않다는 말이다. 갈등과 불안함이 공존하는 상황에서는 내면의 상처를 피하기 위해, 자신도 모르게 실제 욕망을 무의식적으로 속인다. 사람이라면 누구나 당연하다.
애인이 갑자기 이별을 통보할 경우, 이를 현실로 받아들이기 쉽지 않다. 상처를 최소한으로 줄이기 위한 심리적 방편 중 하나가 이별

을 부정하는 것이다. 또한, 실수를 했을 때 원인을 다른 사람의 탓으로 돌리는 것, 자꾸 거짓말을 하는 것 역시 자신의 상처를 최소화하고, 속마음을 들키지 않으려는 방법이다.
이를 잘 설명해주는 심리 용어가 **방어기제**Defense Mechanism이다.

자아가 위협받는 상황에서 무의식적으로 자신을 속이거나 상황을 다르게 해석하여, 감정적 상처로부터 자신을 보호하려는 심리

방어기제는 외부의 나쁜 상황에서 오는 충격을 완화해준다. 방어기제가 없으면 부정적 상황에 고스란히 노출돼 비틀거릴 수밖에 없다. 따라서 자신의 의지와 상관없이 저절로 작동하는 방어기제를 잘 이해하고, 인격의 일부로 받아들여야 한다. 아이들부터 청소년, 성인 등 모두가 누구에게 배우지 않고도 자신을 보호하기 위해 방어기제를 사용한다.
방어기제는 지그문트 프로이트Sigmund Freud가 처음 발견했고, 그의 딸인 안나 프로이트Anna Freud는 다양한 방어기제의 역할과 종류를 체계적으로 정리했다. 프로이트는 방어기제에 대해 이렇게 정의했다.

"자아는 현실적인 해결 방식을 채택하여 위험을 극복하지만, 그것이 뜻대로 되지 않을 때는 현실을 부인, 왜곡, 또는 위장함으로써, 혹은 퍼스낼리티의 발달을 중지시킴으로써 불안을 경감시키려 하게 된다. 이때 후자의 방법을 자아의 '방어기제'라 부른다."

방어기제에는 어떤 게 있을까? 크게 보면, 미성숙한 방어기제와 성숙한 방어기제로 나뉜다. 이를 다시 세분화해 보면, 미성숙한 방어기제에는 부정, 억압, 투사, 합리화, 행동화, 반동행동, 퇴행, 환치, 동일시 등이 있다. 또한 성숙한 방어기제에는 이타주의, 금욕주의, 유머, 승화, 억제 등이 있다. 이를 차례대로 살펴보자.

미성숙한 방어기제

- **부정**Denial : 고통스러운 환경이나 정보를 부정함으로써 불안으로부터 도피하는 방법(예: 자식이 잘못을 저질렀는데도 '내 자식은 절대 그럴 리 없다'고 말하는 일)
- **억압**Repression : 스트레스나 불안을 유발하는 원인을 의식하지 않으려는 방법(예: 싫어하는 사람과의 약속 날짜를 잊는 경우)
- **투사**Projection : 안 좋은 일의 결과를 타인에게 전가시키는 방법(예: 자기가 잘못했다는 상황을 의식하지 못하고, 상대가 실수했

으면서도 자신에게 화를 낸다고 생각하는 경우)

• **합리화**Rationalization : 불리한 태도와 생각을 합리화시켜 자기만족을 얻는 방법(예: 이성에게 거절당한 후 사실 성격이 별로였다며 욕하는 경우)

• **행동화**Acting out : 무의식적인 충동과 소망을 행동으로 표현함으로써 그와 연관된 감정을 회피하는 방법(예: 화가 나면 원인을 해결하는 대신 기물을 파손하거나 상대에게 폭력을 행사하는 행동)

• **반동 행동**Reaction Formation : 자신의 감정, 생각과 정반대로 표현하고 행동하는 방법(예: 좋아하는 사람에게 오히려 관심이 없다거나 싫어한다고 말하는 일)

• **퇴행**Regression : 불안을 피하려고 유아기로 돌아가는 방법(예: 동생이 태어나자 아이가 젖먹이 때처럼 굴며 관심을 받으려는 행동)

• **환치**Displacement : 불안과 갈등을 피하기 위해 대상을 바꾸는 방법(예: 자식을 원했으나 낳지 못한 경우, 대신 반려동물에 집착하는 행동)

• **동일시**Identification : 투사와 반대로, 자신의 부족함을 피하기 위해 타인의 바람직한 점을 자신의 것처럼 끌어들이는 방법(예: 자식의 성공에 성취감을 느끼는 부모)

성숙한 방어기제

- **이타주의**Altruism : 내가 얻고 싶은 것을 남에게 베품으로써 대신하는 방법(예: 봉사활동, 효도)
- **금욕주의**Asceticism : 욕구를 참는 행위를 통해 쾌감을 얻는 방법(예: 대학 진학을 위해 놀고 싶은 마음을 절제하는 행동)
- **유머**Humor : 불쾌한 감정을 농담으로 대신하는 방법(예: 여행을 갔는데 비가 내릴 때, 오히려 시원하고 좋다며 웃는 행동)
- **승화**Sublimation : 참을 수 없는 성적 충동, 공격적 충동을 사회적으로 용인된 방식으로 표출하는 방법(예: 어릴 때 학대받은 화가가 그로 인한 공격성을 작품으로 해소하는 경우)
- **억제**Suppression : 충동과 갈등을 다른 방법으로 축소하거나 조절하는 방법(예: 기분 나빴던 일을 잊으려고 운동 등 취미를 찾는 행동)

방어기제는 모두에게 있는 심리이므로, 불쑥불쑥 나오는 낯선 행동 역시 이상한 것이 아니라 당장의 위기를 해결하기 위한 자연스러운 반응으로 받아들여야 한다. 자신의 의지와 상관없이 돌출되는 다양한 행동은 자신을 속이려는 게 아니라 보호하려는 것이기 때문이다.

다만, 방어기제 중에서도 성숙한 방법이 있고 비성숙한 방법이 있다. 미성숙한 방어기제가 반복되면 문제가 해결되지 않은 채 계속 재현되고, 더 큰 고난이 닥쳤을 때 대처 능력이 저하된다. 그렇기 때문에 성숙한 방어기제를 사용하는 것이 중요하다.

그러므로 자신에게 주로 어떠한 방어기제가 나타나는지 인지하고 조절하는 한편, 현재 상황을 지혜롭게 헤쳐 나갈 수 있는 법을 찾아 훈련하는 과정이 필요하다. 앞서 언급한 것처럼 공격성을 스포츠로 해소하는 억제, 욕망을 그림 등으로 표현하는 승화, 취업 면접에서 긴장한 나머지 미끄러지더라도 "제 발이 먼저 면접관님들께 인사하네요!" 하고 대처하는 유머 등이 있다. 또한 봉사활동, 효도 등 이타성을 발휘하여 열등감을 끊임없이 조절하고 표현하는 것도 좋다.

자신에게서 평소 같지 않은 행동이 나온다면 우선 '방어기제가 발동했구나' 하고 자신을 위로해주는 것이 먼저다. 다만, 자신을 방어하기 위해 타인에게 피해를 주거나 본인에게 불리한 행동을 하는 것은 먼 미래를 생각하면 손해다. 이 점을 기억하며 성숙하고 효과적으로 자신의 스트레스를 풀 수 있는 방법을 찾아보자.

07

꿈 대신 안정을 좇는 제가 속물처럼 느껴집니다

욕구 위계 이론

꿈을 버리고, 호구지책의 욕구만을 좇는다고 비하하며 자신을 절대 탓하지 말자. 현재의 욕구가 충족되면 자연스레 한 차원 높은 욕구를 좇는 단계가 오기 때문이다.

대학생들을 가르치면서 강의 후나 공강, 방학 등에 대학생들과 대화할 기회가 많아졌다. 무엇보다 대학생의 고민을 많이 듣게 되는 건 진로상담을 할 때다. 다른 자리에서는 조용히 있던 이들 역시 이때만큼은 자신의 진짜 속마음을 드러낸다. 상담학 용어로 말하면, 이 속마음이 곧 욕구이며, 한 사람의 정체성을 결정 짓는 중요한 요소다.

한 대학생은 평소 학자가 되고 싶다며 대학원 진학에 뜻이 있다고 말해왔지만, 막상 진로를 상담하면서는 이렇게 고백했다.

"공부에 관심이 많아요. 하지만 졸업하면 우선 안정된 직장을 구해, 경제적으로 자립하려고 해요."

또 한 대학생은 로스쿨에 들어가 변호사가 되고 싶다고 했지만, 조심스럽게 고민을 털어놓기도 했다.

"오래 공부할 자신은 없어서 공무원이 되고 싶어요. 하지만 요즘은 공무원 시험에 붙는 것도 하늘의 별 따기죠. 처음 꿈이랑 점점 더 멀어져갑니다."

한 대학생은 평소 봉사활동을 하는 사회활동가가 꿈이라고 했지만, 자신의 걱정을 말하기도 했다.

"많은 사람으로부터 존경받는 사람이 되고 싶다는 꿈이 있긴 하지만 어려운 길인 것 같아요. 속물 같아서 부끄럽지만, 역시 우선은 취업 준비를 해야겠죠?"

요즘 학생들을 지배하는 가장 큰 욕구는 당장 돈을 버는 것이다. 명예로운 직업이나 정말 관심 있는 분야보다는 수입이 안정적으로 보장되는 직장을 선호하고 있다. 이는 요즘의 경제 상황과 밀접하게 연관되어 있다. 각종 스펙으로 무장해도 만족스러운 직장을 얻지 못하는 경우가 너무나도 많기 때문이다. 또한 직장은 자아실현뿐 아니라 의식주 문제와도 직접적으로 연관된다.
따라서 대다수 사람은 꿈을 이루는 것보다 안정적인 직장을 최우선으로 하게 된다. 먹고 사는 것과 관련된 욕구는 본능적이기 때문에, 이 욕구가 해결되지 않고서는 학자의 꿈, 변호사의 꿈, 사회활동가의 꿈도 이루지지 않는다. 이들은 결코 나약하게 꿈을 포기한 것이 아니다. 오히려 자신의 욕구에 누구보다 진실됐다고 할 수 있다.

취업 문제뿐 아니라 안정된 직장을 나와 평생 꿈이었던 세계여행에 도전할지 말지, 회사를 은퇴하고 창업에 도전할지 말지 등 많은 이가 이상과 현실 사이에서 고민한다. 그리고 현실에 안주하는 자신이 속물처럼 느껴져 괴로워하는 경우도 많다.

미국 심리학자 해럴드 매슬로Harold Maslow의 **욕구 위계 이론**Hierarchy of Needs Theory에 따르면, 이들은 경제적 두려움으로부터 자신을 보호하려는 '안전의 욕구' 단계에 머물고 있는 것이다.

인간의 욕구는 위계적으로 조직되어 있으며, 하위 단계의 욕구 충족이 상위 계층 욕구의 발현을 위한 조건이라는 이론

욕구 위계 이론에 따르면 사람은 크게 5단계의 욕구를 가지고 있다. 다섯 가지 욕구는 순서대로 위계화되어 있으며, 하위 욕구가 일정 수준 이상 충족되어야 비로소 상위 욕구가 나타난다. 또한 하위 욕구가 채워지면 더 이상 동기화된 행동이 나타나지 않는다. 이를 세부적으로 살펴보자.

1단계 생리적 욕구Physiological Needs는 인간의 가장 기본적이고 강력한 욕구이다. 생존을 위한 생물학적 필수 요소이다. 음식, 배설, 호흡, 수면욕, 성욕 등이 이에 해당한다. 이 욕구가 충족되지 않으면, 다음 단계로 넘어갈 수 없다. 당장 굶주리고 있는 사람에게 밥 한 끼 외에 무엇이 더 시급하겠는가? 졸려서 미칠 것 같은 사람에게는 돈도, 연인도, 명예도, 자기계발도 무의미하고, 당장 잠을 자는 것이 무엇보다 중요하다.

2단계 안전의 욕구Safety Needs는 생리적 욕구가 해결된 후 생기며, 두려움으로부터 자신의 안전을 지키려는 욕구이다. 개인적인 안전, 경제적인 안전, 건강에 대한 안전, 사고와 재해로부터의 안전

등이 이에 해당한다. 밥줄이 끊기지 않도록 우선 안정적인 직장을 선호하는 것도 2단계 욕구의 좋은 예다. 질병치레를 자주 하는 사람은 신체의 건강을 최우선적으로 바란다. 사회적으로는 고용보장 제도에 대한 욕구를 드러낸다.

3단계 애정과 소속의 욕구Need for Love an Belonging는 사회적으로 조직을 이루고, 속하고 싶은 욕구다. 자아를 가진 성인이 되면 크고 작은 모임 속에서 생활하게 된다. 학교, 직장, 취미 동호회, 종교 단체 등에서 지속적으로 교류하며 타인으로부터 관심과 사랑을 받고, 동시에 자신도 타인에게 관심과 사랑을 주길 원한다. 또한 관계에서 떨어져 나왔을 때, 상실감을 느끼고 스트레스를 받는다.

4단계 존중받고자 하는 욕구Need for Esteem/Respect는 존중받는 인격체가 되고자 하는 욕구이다. 존중받고자 하는 욕구에는 두 가지가 있다. 인격, 명성, 지위 등을 통해 타인으로부터 얻는 존중과 자신의 강인함과 자신감을 통해 얻는 자아 존중이다. 이 두 가지 욕구가 모두 충족되어야 한다. 어느 하나가 충족되지 않을 경우 열등감, 무력감에 시달린다.

5단계 자아실현의 욕구Self-actualization Needs는 잠재력을 발휘하여 자아실현을 하고자 하는 욕구이다. 어떤 사람은 궁극적으로 현명한 부모가 되는 것을 바라고, 또 어떤 사람은 대통령이 되어 정치적으로 많은 존경을 받길 바란다. 이를 위해서는 이전 4단계의 욕구가 모두 일정 수준 이상 충족되어야 한다.

우리는 매슬로의 5단계 욕구 중 어느 하나를 해소하기 위해 머물러 있다. 앞서 말했듯, 도전보다는 안전을 중요시하게 된다면 2단계 욕구를 지니고 있다고 볼 수 있다. 따라서 스스로 자책해서는 안 된다. 욕구에 따른, 너무나 당연한 선택이기 때문이다. 꿈을 버리고, 호구지책의 욕구만을 좇는다고 비하하며 자신을 절대 탓하지 말자. 현재의 욕구가 충족되면 자연스레 한 차원 높은 욕구를 좇는 단계가 오기 때문이다.

08

슬픈 일이 많아서 그런지 툭하면 울게 됩니다

제임스-랑게 이론

나 자신을 옥죄는 감정은 하늘에서 뚝 떨어진 '운명' 같은 것이 아니다. 단순히 자극에 대한 신체 반응 작용으로 생긴 부산물일 뿐이다.

'닭이 먼저냐 달걀이 먼저냐'는 질문이 있다. 인과관계를 밝히려는 철학적인 의문이지만, 끝내 해결되지 못했기 때문에 딜레마로 남아 있다. 이와 달리 거의 대부분의 문제는 반드시 어떤 원인이 있고, 결과가 따르기 마련이다.

사람의 감정과 신체 반응 사이에도 인과관계가 있다. 사람들은 자신의 감정(슬픔, 기쁨)과 신체 반응(울음, 웃음)의 인과관계를 보통 아래와 같이 생각한다.

"슬픈 감정이 생기니까 엉엉 우는 행동이 나오는 거야, 마찬가지로 기쁜 감정이 벅차오를 때 웃음이 터지는 거지. 따라서 감정이 먼저이고 신체 반응이 나중이야."

언뜻 보면 일리 있는 말 같다. 하지만 감정이 우선이고 신체 반응이 뒤따른다고 생각하면, 감정을 절대시해야 한다는 오해가 생긴다. 즉, 사람은 감정에 지배되고 종속되는 존재라는 말이 된다.

결론적으로 말하면, 이는 오해이다. 실제로 감정은 신체의 반응 작용에 의한 결과일 뿐이다. 즉, 울기 때문에 슬픈 감정이 생기고, 웃기 때문에 기쁜 감정이 생긴다는 말이다. 오해에서 벗어나면 우리는 감정에 지배되지 않고, 역으로 감정을 조절할 수 있게 된다.

이는 미국 심리학자 윌리엄 제임스William James와 덴마크 생리학자인 칼 랑게Carl Lange가 제창한 **제임스-랑게 이론**James-Lange Theory으로 더 자세히 알 수 있다.

정서 경험은 '자극 → 정서 → 신체적 반응'의 순서가 아니라 '자극 → 신체적 반응 → 정서'의 순서로 나타난다는 이론

제임스-랑게 이론에 따르면 정서는 신체의 반응 작용에 의해 생긴다. 따라서 제임스는 "우리는 울어서 슬프고, 때려서 화가 나고, 떨어서 무서운 것이지, 슬퍼서 울고, 화나서 때리고, 무서워서 떠는 것이 아니다"라고 말했다.
사람이 지닌 대표적인 감정을 떠올려보자. 희로애락은 당연하다. 색다른 감정도 추가해보자. 수치심, 질투, 두려움, 걱정, 감동 등이 포함될 수 있다. 몇 가지 감정을 예로 들어 신체 반응과의 인과 관계를 설정하면 다음과 같다.

- **수치심** : 수치심 때문에 몸이 파르르 떨리고, 고개를 못 든다(X). → 몸이 파르르 떨리고, 고개를 못 들기 때문에 수치심이 생긴다(O).

• **질투** : 질투 때문에 입꼬리가 올라가고, 씩씩거리게 된다(X). → 입꼬리가 올라가고, 씩씩거리기 때문에 질투가 생긴다(O).

• **두려움** : 두려움 때문에 심장이 철렁하고, 소름이 돋는다(X). → 심장이 철렁하고, 소름이 돋기 때문에 두려움이 생긴다(O).

• **걱정** : 걱정 때문에 얼굴빛이 어두워지고, 고개가 푹 수그러든다(X). → 얼굴빛이 어둡고, 고개도 제대로 못 들기 때문에 걱정이 생긴다(O).

제임스-랑게 이론은 2007년 〈사이언스〉지에 게재된 **안면 피드백 가설**Facial Feedback Hypothesis 실험에 의해 과학적으로 뒷받침되었다. 독일의 심리학자 프리츠 스트라크Fritz Strack, 레너드 마틴Leonard Martin, 자비네 스테퍼Sabine Stepper는 피험자를 A그룹과 B그룹으로 나눈 후 A그룹에게는 이로, B그룹에게는 입술로 볼펜을 각각 물게 했다. 그 다음 만화책을 보도록 지시했다.

그 결과, 똑같은 만화를 보았지만, 만화책이 재밌었다는 평가를 내린 사람은 A그룹에 더 많았다. 그 이유는 이로 볼펜을 물었을 때와 입술로 볼펜을 물었을 때의 표정이 다르기 때문이다. 전자는 얼굴 근육을 움직이면 웃는 표정이 가능하지만, 후자는 오히려 심각한 표정이 된다. 즉, 웃는 얼굴과 심각한 얼굴이 먼저이고, 그것을 뇌가 인식해 각각에 맞는 감정, 곧 전자는 '재미있다', 후자는 '재미없다'는 결과를 만든 것이다.

신경학적 근거도 밝혀졌다. 첫 번째는 대뇌피질 안쪽의 뇌섬Insula이라는 부위에 근거해 있다. 이는 내장기관의 감각을 의식하는 곳인데, 역겨움을 느낄 때 활성화되며 뇌섬이 느끼는 감정은 신체 반응 작용으로 나타난다. 가령, 상한 음식을 먹었을 때 내장에서 반사적으로 반응한 후, 이를 뇌섬에서 지각하여 역겨움이라는 감정이 생기는 것이다.
두 번째는 뇌 속의 웃음 중추에 근거한 것이다. 1998년 UCLA 대학병원의 이자크 프리드Iszak Fried 박사는 간질을 치료하던 중 왼쪽 대뇌의 사지통제 신경조직 앞에서 '웃음보' 역할을 하는 중추를 발견했다. 피험자의 웃음 중추를 약하게 자극하면 조금만 웃고, 강하게 자극하면 포복절도하면서 웃었다. 심지어 웃을 거리가 없어도 이 중추를 자극하면 반응이 왔다.
웃는 근육을 사용하면 웃음 중추가 활성화되고, 웃음 중추를 자극하면 웃는 근육이 사용되었다. 더 나아가 웃음 중추를 자극하면 웃음이 나는 것과 함께 유쾌하고 기쁘고 즐거운 감정까지 생겼다.

"슬프니까 울 수밖에 없어요."
"화가 나니까 공격적으로 행동하게 돼요."
"걱정이 태산인데, 고개를 푹 숙이고 다닐 수밖에 없잖아요?"

이제 감정을 우선시하는 말은 오류라는 게 밝혀졌다. 부정적 감정에 지배된 채 삶을 수동적으로 영위하고 있음을 보여주는 변명일 뿐이다. 슬픔과 화, 걱정의 노예처럼 내 삶을 감정에 마냥 끌려가도록 내버려 둘 것인가?

우리는 현재 세계적으로 유행하는 전염병 코로나19 바이러스로, 지금껏 경험해보지 못한 관계의 단절 현상을 겪고 있다. 이런 위기 상황에서 나 자신을 긍정적 자아로 다독여 주체적인 삶을 영위하려면 우선 감정에 종속된 태도에서 벗어나야 한다. 나 자신을 옥죄는 감정은 하늘에서 뚝 떨어진 '운명' 같은 것이 아니다. 단순히 자극에 대한 신체 반응 작용으로 생긴 부산물일 뿐이다. 자신의 감정을 객관적으로 바라보기 위해 노력해보자. 주체적인 자아를 위해 비생산적인 감정에 휘둘리지 않으려 시도하는 것만으로도 충분히 나아진다.

09

주변 사람에 비해 자신은 보잘것없이 느껴지나요?

교류분석 이론

현재 자신의 대인관계 상태를 정확히 진단하자.

대학에 다닐 때 친하게 지냈던 친구 C가 있다. 토익 전문 영어학원에서 만난 C는 필자와 다른 대학이었는데, 매우 사교적인 편이라 토익 동아리의 총무를 맡았고, 모임이 있을 때면 항상 끝까지 자리를 지키는 등 활동에 많은 시간을 바쳤다. 동아리를 운영하다 보면 항상 자금이 부족하기 마련인데, 그는 어떻게든 돈을 융통해서 활동에 도움을 줬으므로 어느 정도 여유 있게 산다고 알려지기도 했다. 당연히 그를 동아리 사람 모두가 좋아했다.
그런데 이상한 점이 하나 있었다. 그 친구에 대해 잘 아는 사람이 없었다는 점이다. C가 자취하는 곳, 고향, 취미 등 자세한 것은 아무도 알지 못했다.

"너는 어디에서 살아?"
"어어…. 나는 우리 학교 후문 쪽에 자취하고 있어."
"언제 한번 놀러 가도 돼?"
"집이 수리 중이라서 어수선해. 나중에 놀러 와."

그와 더 친해지고 싶었던 필자는 C에게 직접 물어보기도 했지만, 그는 얼굴을 붉히며 곧장 방어벽을 쌓았다. 보통 이 정도의 교류가 있으면 자잘한 이야기까지 공유하기 마련인데, 이상하다는 생각을 했다. 그러던 어느 날, 친구가 필자에게만 말한다면서 사정을 털어놓았다.

"너에게만 고백할게. 실은 지금 난 고시원에서 살고 있고, 집안 사정도 좋지 않아. 하지만 내 처지를 믿는 사람 외에는 누구에게도 이야기하고 싶지 않아. 너무 부끄러워서 말이야."

그의 속사정을 알고서야 비로소 그에 대해 이해할 수 있었다. C는 누구에게나 친절하게 대했지만 자기 자신에게는 아주 엄격했다. 또 내면의 열등감으로 인해 타인과의 관계가 제한적일 수밖에 없었다.

그는 활동적이고, 사람들 속에 섞이길 좋아하는 적극적인 성격처럼 보였다. 그러나 사실 본인에 대한 자신감이 없는 탓에 타인은 모두 자신보다 낫다고 받아들였고, 주변 사람들에게 희생적으로 헌신하는 태도를 보인 것이었다.

이는 **교류분석 이론**Transactional Analysis, TA으로 설명할 수 있다.

인본주의적 인간관계에 기반을 두고, 개인의 성장과 변화를 모색하는 체계적인 상담 이론이자 기법이 기법은 1950년대 말, 미국 심리학자이자 심리 치료사인 에릭 번Eric Berne이 창안했다. 교류분석 이론에 따르면, 자신과 타인을 바라보는 시점에 따라 인간의 인생 자세는 네 가지로 나누어진다. 그리고 이것이 대인관계에 결정적인 영향을 미친다.

① **자기긍정-타인긍정형**I'm okay-You're okay : 자신도, 주위 사람도 모두 긍정적으로 바라보는 자세이다. 이 자세를 가지면 대인관계가 원만하게 이어진다.
② **자기긍정-타인부정형**I'm okay-You're not okay : 자신만 옳고 타인은 틀리다는 자기중심적인 자세로, 배타적인 대인관계가 형성된다.
③ **자기부정-타인긍정형**I'm not okay-You're okay : 자신을 주위 사람에 비해 형편없는 사람으로 보는 자세이다. 자신을 부정적으로 바라보는 반면 타인은 긍정적으로 인식해 헌신적으로 대한다. 이 경우, 자기소모적인 대인관계가 형성된다.
④ **자기부정-타인부정형**I'm not okay-You're not okay : 자신도, 세상도 모두 틀렸다는 자세다. 모든 것을 부정하는 상태로, 타인과 제대로 어울릴 수 없다. 의견 차이로 인해 시도 때도 없이 갈등이 생긴다.

교류분석 이론에 따르면 친구 C는 ③ 자기부정-타인긍정형에 속한다. 자신을 부정적으로 인식해 타인은 훨씬 대단한 존재로 인식하는 타입이다. 이 경우 겉으로 보기에는 대인관계에 큰 문제가 없는 것처럼 보이지만, 자신의 시간과 돈을 희생하면서까지 무리해 타인에게 잘해주려고 노력한다. 하지만 사람들이 자신에 대해 관심을 가질 경우에는 자신의 진짜 모습을 숨기고 싶어 하며, 원만한 대인관계를 갖지는 못한다.

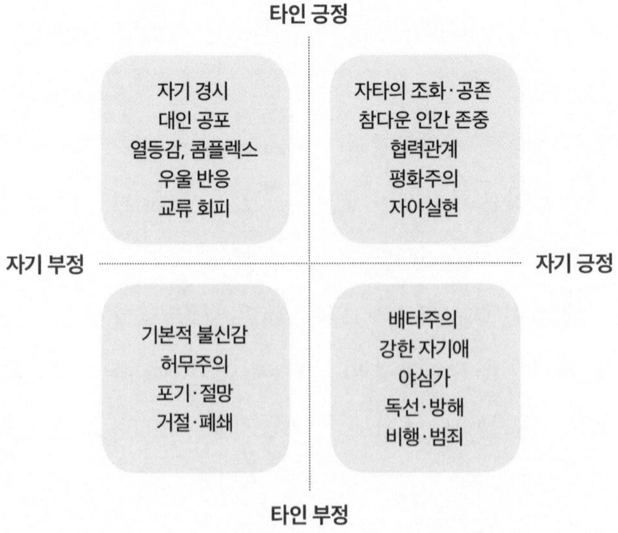

네 가지 인생 자세의 특징을 좀 더 자세히 살펴보고, 현재 자신의 대인관계 상태를 정확히 진단해보자. 자신의 현재 모습을 제대로 알고 받아들이는 것이 첫 번째 단계이다. 열등감이 많다고 느끼는가? 그렇다면 자기 자신을 사랑하는 자세가 가장 중요하다. 강한 자기애를 느낀다면 자신만을 긍정하고 타인은 부정하는 상태일 수도 있다.

이후 가장 바람직한 자세인 자기긍정-타인긍정형으로 원만한 대인관계를 맺을 수 있도록, 자신의 심리 상태에서 무엇이 부족한지 고민해보자. 쉽지 않겠지만, 원만한 대인관계를 맺고 자신은 물론 타인을 모두 긍정적으로 보기 위해서는 꼭 필요한 과정이다.

3장

관계를
열어주는 심리학

10

껄끄러운 사람과도 잘 지내고 싶어요

인지부조화 이론

사소한 선의의 행동을 요청해보자. 그러면 그는 인지적 부조화를 해소하기 위해 당신에 대한 부정적인 생각을 본능적으로 수정할 것이다.

미국 건국의 아버지이자 피뢰침을 발명한 벤저민 프랭클린Benjamin Franklin. 그는 대중적 명성을 떨친 것과 달리 정치 생활을 할 당시, 입법부와는 사이가 좋지 않아 어려움을 겪었다. 입법부에 있는 상당수의 관료들은 벤저민 프랭클린의 정치적 행동과 사사건건 충돌했으며, 고작 인쇄공 출신 주제에 설치고 다닌다며 프랭클린을 폄하하고, 적대시하기 일쑤였다. 미국의 민주주의 발전에 사활을 걸고 있던 그는 고민 끝에 한 가지 묘안을 생각해내고는 정적 중 한 명에게 다가갔다.

"한 가지 부탁을 함세. 내가 의회 도서관에 소장된 희귀한 책 한 권을 보고 싶어서 그런데, 대신 대출을 해줄 수 있겠소?"
"그거야 어렵지 않지. 자네도 그 책의 가치를 알고 있었나 보네."

놀랍게도 정적인 입법부 관료의 반응은 긍정적이었다. 기꺼이 그의 부탁을 들어주었고, 언제 다투었냐는 듯 프랭클린에게 친밀감까지 느끼게 됐다. 자신에게 부탁해온 프랭클린으로부터 존중받는다는 느낌을 받았고, 또한 프랭클린은 할 수 없는 일을 자신이 할 수 있다는 사실에 기분이 좋아졌기 때문이다. 평생의 정치적 동료를 얻은 프랭클린은 말했다.

"돈을 적에게 빌려주면 그를 얻을 수 있지만, 친구에게 빌려주면 그를 잃게 될 것이다."

이것이 **벤저민 프랭클린 효과**Benjamin Franklin Effect로, 도움을 준 사람이 도움을 요청한 사람에게 호의를 느끼는 현상이다. 과연 심리학적 근거는 무엇일까? 바로 **인지부조화 이론**Cognitive Dissonance Theory이다.

개인이 가지고 있는 신념, 생각, 태도와 행동 간의 부조화가 유발될 때, 심리적 불편함을 해소하기 위해 태도나 행동에 변화가 나타난다는 이론

1579년, 미국 사회심리학자인 레온 페스팅거Leon Festinger가 저술한 『인지부조화 이론』에 따르면, 인간은 자신의 생각과 행동 사이의 부조화를 줄이기 위해 늘 노력한다. 따라서 생각과 행동이 불일치할 경우, 생각을 바꿈으로써 생각과 행동 사이의 부조화를 줄인다는 것이다.
그는 스탠퍼드대 학생들을 대상으로 한 '1달러, 20달러 실험'에서 이를 입증했다. 그는 우선 피험자들에게 실패를 감아달라고 요청

했다. 이는 실패에 실을 오른쪽으로 4분의 1 정도 계속 감아야 하는 일로, 매우 반복적이고 지겨운 작업이었다. 한 시간쯤 실패 감기를 시킨 후, 그는 피험자들에게 부탁했다.

"오늘 조교가 학교에 나오지 않았습니다. 그러니 조교를 대신해 바깥에 나가서 대기하고 있는 학생들에게 실험이 매우 재미있다고 말해주세요. 부탁을 들어주는 조건으로 돈을 드리죠. 제 부탁대로 열성적으로 거짓말을 한 사람에게는 20달러를 드리고, 최소한으로만 거짓말을 한 사람에게는 1달러를 드리겠습니다."

그러자 피험자 중의 여섯 명을 제외한 나머지는 모두 거짓말에 동참해, 부탁대로 대기실에 있는 학생들에게 실험이 재미있다고 거짓말했다. 그 후 피험자들로부터 실험에 대한 피드백을 받았다. 결과는 어땠을까?

- **열심히 거짓말을 하고 20달러를 받은 피험자** : "실험은 정말 최악이었어요. 재미없었어요."
- **그냥 거짓말을 하고 1달러를 받은 피험자** : "실험이 의외로 재밌었어요. 할 만했습니다."

돈을 많이 받기 위해 열심히 거짓말을 한 그룹 쪽에서 실험이 재미있었다고 말하는 사람이 많을 것 같지만, 조사 결과는 그 반대였다. 20달러를 받은 사람은 거짓말을 한 대가를 충분히 받았으므로, 심리적 불일치를 느끼지 못했다. 당연히 실패 감기에 대한 기존의 태도를 바꿀 동기도 사라졌다. 반면 1달러를 받은 사람은 거짓말에 대한 충분한 보상을 받지 못했다고 볼 수 있다. 이로 인해 거짓말에 대한 정당한 근거가 충족되지 못했고, 따라서 기존의 태도를 바꾸지 않으면 심리적 불일치가 높아진다. 결국 '재미있다'고 말한 행동과 '실제로는 재미없다'는 생각의 심리적 부조화를 피하고자 기존의 '재미없다'는 생각을 '재미있다'로 바꿔버린 것이다.
사람은 신념에 따라 일관된 행동을 하는 것처럼 보이지만, 사실 행동이라는 결과에 맞춰 신념을 갖게 된다. 즉, 인간은 신념의 존재라기보다는 자기 합리화의 존재라고 하는 게 맞다.

몇 해 전, 한 교육 기관에서 5주짜리 강사 교육을 진행한 적이 있다. 다양한 분야의 강사들이 모였고, 출신 학교, 성격, 강의 스타일도 각양각색이라 하나로 융합되기가 어렵겠다고 느껴지는 상황이었다. 하루는 팀 프레젠테이션을 과제로 제시했다. 강사들은 함께 발표 주제를 정하고, 강의 교안도 짜야 했다. 그런데 기업 임원을 대상으로 대화법 강의를 하는 강사 A와 악기를 가르치는 강사 B가 사사건건 부딪히는 게 아닌가. 게다가 서로 뒷말을 하고 다녔다는 사실도 알게 되었다.

“저 강사는 강의안 만드는 방법을 잘 모르는 것 같아요. 그래서 제가 다 만들어주고 있다니까요. 책임감도 없는 것 같아요. 과제를 준비하는 방식이 제 스타일과는 완전히 달라서 불편하고 맘에 들지 않아요.”

필자는 두 사람의 관계를 개선하기 위해, 강사 B에게 다음 강의에서는 잘 모르는 부분을 도와달라고 직접 부탁하며 말문을 터보라는 조언을 던졌다.

“제가 교안 만드는 걸 처음 해봐서 좀 서툰데, 이 부분 좀 알려주실 수 있을까요?”

신기하게도 강사 A는 마치 기다렸다는 듯 호감을 표시하면서 교안 작성법을 상세히 가르쳐주었다. 나아가 궁금한 것이 없냐는 질문까지 던졌다. 이후, 강사 A와 B는 서로에게 호감 어린 표정을 짓기 시작했고, 곧 강의 교안을 짜는 작업 중에도 손발이 척척 맞았다. 시간이 지난 지금은 두 사람이 아주 절친한 사이가 되어 아직까지 연락을 주고받는다는 소식을 들었다.

껄끄러운 상대가 어디에나 있기 마련이다. 그는 머릿속에서 당신을 부정적으로 규정 짓고 있을 확률이 높다. 이 생각을 어떻게 바꿀 수 있을까? 대화로 변화를 이끌어내려는 시도는 큰 의미가 없다. 편견이 이미 자리 잡은 탓이다. 대신 사소한 선의의 행동을 요청해보자. 그러면 그는 인지적 부조화를 해소하기 위해, 당신에 대한 부정적인 생각을 본능적으로 수정할 것이다.

11

자꾸 상대방을 다 아는 것처럼 말하게 돼요

사후 과잉 확신 편향

다른 사람에 대한 평가를 성급하게 내리면, 부정적인 평가를 받은 사람뿐 아니라 자신에게도 손해가 돌아온다.

"너는 원래 실수를 많이 하잖아. 미리미리 신경 써!"
"역시 성격은 안 변해!"
"너 이번에도 금방 포기할 거지?"

아이를 키우는 부모들의 입에서 자주 나오는 말 중의 하나가 '너는 원래 그래', '그럴 줄 알았다니까'이다. 아이가 실망스러운 행동을 할 때면 무의식중에 이 말이 튀어나온다. 엄마 입장에서는 아이를 쭉 봐왔으니, 미리 주의를 주는 것은 당연하다고 생각할 수도 있다. 하지만 이 말은 아이와의 관계를 금 가게 하고, 양육에도 좋지 않은 영향을 끼친다. 부모가 바라는 대로 행동하던 아이가 실수할 수 있듯이, 늘 실수하던 아이도 다르게 행동할 수도 있다. 어떤 일이 일어날 때는 많은 변수가 작용하기 마련이다. 필자는 부모 교육·소통 강의를 할 때마다, 아이의 성향을 못 박아 '원래 그런 아이'라고 말하면 아이를 엄마가 규정한 틀에 가두게 된다고 자주 강조한다.

이런 일은 성인들 사이에도 심심치 않게 발생한다. 직장인 M은 회사 후배가 마음에 들지 않는다. 평소 자주 덤벙거리는 데다가 입사 후 얼마 되지 않아 큰 실수도 한 번 했다. 이후로는 무슨 일을 시키든지 불안해 두 번 세 번 확인하게 된다. 심지어 집에 와서도 후배의 생각이 나 스트레스를 받을 정도가 됐고, 필자의 인간관계 강연까지 참석하게 됐다.

"편향에 빠진 것 같습니다. 실수를 인지한 후 후배에 대한 사후 평가가 굳어진 거죠. 후배가 '원래 그런 사람이니까' 실수를 했고, 앞으로도 그럴 거라고 생각해 계속 불안한 거죠."

직장에서는 주로 상사가 마치 후배의 능력치 전부를 다 아는 것처럼 생각하며 대하는 경향이 있다. 사실 성과를 내는 직원은 정해져 있는 게 아니다. 개인마다 다른 잠재력이 있으므로 늘 바르게 생활하던 직원이 갑자기 실망스러운 행동을 할 수도 있고, 덜렁거리던 직원이 돌연 높은 성과를 낼 수도 있다. 그러나 여러 가지 각도로 후배를 살펴보고, 가능성을 확인하는 데는 에너지가 많이 들기 때문에, 자신이 아는 면만 가지고 상대를 손쉽게 규정해버리는 일이 많다.
남들과는 다른 의견을 자주 내서, 무리에서 튀는 행동을 하는 직원이 대형 프로젝트를 전담했다가 결과가 안 좋게 나왔다고 하자. 이때 상사는 머릿속으로 이런 생각을 할 가능성이 높다.

"역시 그럴 줄 알았어. 안정감 없는 사람이 큰일을 할 수 없는 게 당연하지."

만약 평소에 자신이 호감을 느낀 사람이 실수했다면, '운이 나빴다'고 생각할 수도 있는 일인데도 말이다. 이렇듯 결과만 보고 한 사람을 다 아는 것처럼 규정하는 일이 많다.
한쪽으로 치우쳐서 비합리적으로 생각하는 습성을 편향이라고 한다. 편향에는 종류가 무수히 많은데, 그중에서도 어떤 한 사람에 대해 다 아는 것처럼 평가하는 것은 **사후 과잉 확신 편향**Hindsight Bias이라고 부른다.

어떤 일의 결과를 알고 난 후, 마치 결과가 그렇게 될 것을 처음부터 알고 있었던 것처럼 믿게 되는 심리적 현상

이는 일명 **그럴 줄 알았어 효과**Knew-it-all-along Effect라고 불리기도 한다. 원인과 결과의 순서를 뒤집어서 보는 비합리적 사고이기 때문이다. 1975년, 바루크 피쇼프Baruch Fischhoff와 루스 베이스Ruth Beyth는 피험자들에게 미국 대통령 리처드 닉슨의 공산권 방문 결과에 대해 추정하도록 했다. 시간이 지나 실제로 대통령의 방문이

끝난 후, 그들은 피험자들에게 자신이 방문 결과를 어떻게 추정했는지 회상하도록 했다. 그 결과, 대부분 원래 추정한 것보다 실제 결과에 가깝게 추정했을 것이라고 자신을 평가했다.
또한 피쇼프는 사건 하나와 결과로 나올 수 있는 선택지를 몇 개 제시하고 그중 하나가 결과임을 알려준 후, 각각의 결과 발생 가능성을 추정하게 했다. 그 결과, 대부분 실제 결과가 발생할 가능성이 가장 높다고 추정하는 경향을 보였다. 이를 통해 사람들에게 사후 과잉 확신 편향이 있음을 알 수 있다.

특히 많은 사람이 한 사람을 부정적으로 평가할 경우, 관계에 심각한 악영향을 끼친다. 평소 이미지가 좋지 않은 연예인이 있다고 하자. 그가 사기를 당했다는 사실을 밝혀도 '거짓말 아냐?' 혹은 '당해도 싸지' 하는 반응을 하는 사람이 많다. 그가 피해자가 된 상황에서도, 그를 사태의 원인이라고 규정하는 것이다. 이 역시 사태의 결과에 대해 다 알고 있었다는 식으로 평가하는 것으로, 사후 과잉 확신 편향 때문이다. 이로 인해 그는 비합리적으로 매도 대상이 되며, 사회 구성원과의 정상적인 관계 역시 파탄 나고 만다.

우리는 살아가면서 각양각색의 사람을 만나게 된다. 그리고 어떤 사람의 모든 면을 제대로 알기란 힘든 일이다. 그런데도 자신을 돌아보지 못하고, 이미 얻은 정보를 기반으로 과정과 결과를 판단하는 편향의 오류를 범하기 쉽다.

사후 과잉 확신 편향에 따라 다른 사람에 대한 평가를 성급하게 내리면, 부정적인 평가를 받은 사람뿐 아니라 자신에게도 손해가 돌아온다. 평가한 사람과 평가받은 사람 사이에는 합리적이고 균형 잡힌 교유가 이루어질 수 없기 마련이다. 불합리하게 평가받은 사람 역시 한쪽 면만 보고 자신을 판단한 사람을 싫어하게 된다. 함께 일할 경우, 서로에 대한 기대가 없기 때문에 일의 효율 또한 낮아진다. 관계를 잘 이어가려면 기억하자. 나는 다른 사람의 모든 면을 알 수 없다.

12

자꾸만 남 탓을 하게 되는데, 고칠 수 있을까요?

기본적 귀인 오류

남 탓을 할 시간에 문제점을 빠르게 찾고, 방향을 수정하는 편이 더 이득이다.

한 기업체에서 직원들의 팀 프레젠테이션 교육을 맡은 적이 있다. 우선 직원들을 두 팀으로 나눠 A팀은 발표 준비를, B팀은 발표 자료 및 배포 자료집, 무대 설치 준비를 각각 맡겼다. 여러 차례 단합대회를 하면서 결속력을 강화했지만, 리허설을 진행하면서부터 두 팀 사이에 보이지 않는 감정의 골이 생기기 시작했다.
강사인 필자가 양쪽을 살펴보니 두 팀 모두 리허설 평가가 좋으면 자신들의 공이라고 한껏 치켜세웠다.

"역시 A팀이 최고야, 우리가 발표 실력을 제대로 발휘해서 좋은 결과가 나왔어."
"정예 멤버로 구성된 B팀이 자료를 잘 준비한 덕분에 상사들로부터 좋은 평가를 받은 거죠. 실력이 어디 도망가나요?"

하지만 리허설에서 좋지 않은 평가를 받을 때는 서로를 탓하며 푸념하기 바빴다.

"우리는 잘했는데, B팀이 잘 받쳐주지 못했어요. A팀의 발표에 보조를 잘 맞춰주기만 하면 될 텐데. 이번 실패는 전적으로 B팀 때문입니다."

"아휴, A팀 때문에 이번 리허설을 망쳤어요. 우리는 최선을 다했는데 말이야."

이 문제가 고쳐지지 않으면, 단합에 큰 지장이 생기고, 나아가 교육도 큰 효과가 없을 것이 분명했다. 골머리를 앓던 필자는 두 팀을 불러 다음과 같이 조언했다.

"'잘되면 내 덕, 잘못되면 네 탓' 하는 건 사람이라면 모두 가지고 있는 심리적 태도입니다. 긍정적인 결과는 자신의 역할 덕분이라고 생각하고, 부정적인 결과는 남의 탓이라고 넘겨야 자신이 받는 타격이 줄어들기 때문이죠. 여러분은 지금 전형적인 기본적 귀인 오류에 빠져 있습니다."

어떤 일이 잘못됐을 때, 그 이유를 남의 탓으로 돌리기가 쉽다. 하지만 어느 모임이나 조직이든, 구성원들이 좋지 못한 결과를 무조건 서로에게 돌린다면 불신이 생기기 마련이다. 말처럼 쉬운 일은 아니지만 서로 믿고 의지하며, 도움을 주고받으면서 탄탄한 관계를 만들려면 우선 네 탓을 멈춰야 한다. 이는 **기본적 귀인 오류 Fundamental Attribution Error**로 설명할 수 있다.

타인의 행동을 판단할 때 내부 요인을 과대평가하고, 외부 요인은 과소평가하는 심리적 태도

자신과 타인의 행동 원인을 설명하는 방식에 대한 귀인 이론은 1958년 오스트리아 심리학자 프리츠 하이더Fritz Heider가 『대인관계의 심리학』에서 처음 제기한 용어다. 뒤를 이어 심리학자 에드워드 존스Edward Jones와 대니얼 길버트Daniel Gilbert, 더글러스 크룰Douglas S. Krull, 빅터 해리스Victor Harris가 '기본적 귀인 이론'을 발견했고, 이를 사회심리학자 리 로스Lee Ross가 대중적으로 알렸다.
로스는 피험자를 질문자와 도전자 그리고 관찰자라는 세 그룹으로 나누고, 우선 질문자들에게 스스로 질문을 만들어 도전자에게 묻도록 요청했다. 도전자들은 "답이 뭔지 모르겠어요. 정말 어렵네요"라며 대부분 정답을 말하지 못했다. 또한, 이 과정을 관찰자가 모두 지켜보게 했다.
질문과 답변 시간이 끝나고, 세 그룹에 각각 질문자와 도전자의 지식수준을 평가하게 했다. 그 결과, 질문자는 자신과 도전자의 지식수준이 비슷하다고 한 반면, 도전자와 관찰자는 질문자의 지식수준이 더 높다고 응답했다. 로스는 이렇게 결론을 내렸다.

"도전자와 관찰자는 질문자에게 유리하게 설계됐다는 상황보다 도전자가 맞추지 못할 수준의 문제를 낸 질문자의 명석함을 높게 평가하게 됩니다. 이를 토대로 사람은 상황적 요소보다는 기질적인 요소를 높게 평가함을 알 수 있습니다."

기본적 귀인 오류가 사람들의 무의식을 사로잡고 있다. 사람은 누구나 본능적으로 일이 잘되면 자기 덕이고, 잘 풀리지 않으면 남 탓이라고 한다. 길버트 & 크룰에 따르면, 이런 기본적인 귀인 오류는 누군가 어떤 행동을 하는 순간 거의 자동적으로 나타난다.
하지만 우리가 진행하는 대부분의 일은 협업을 통해 진행된다. 또한 어떤 일이든 잘될 때가 있으면 안 될 때도 있는 법이다. 그때마다 남 탓을 하며 시간을 보낼 것인가? 남 탓을 할 시간에 문제점을 빠르게 찾고, 방향을 수정하는 편이 더 이득이다. 상대방과 정상적인 관계를 맺고, 일을 효율적으로 해나가기 위해서는 자신의 본능을 적절히 제어해야 한다. 무방비로 놔둔다면 현재의 관계는 파국으로 다다를 수밖에 없다.
예기치 못한 코로나19 바이러스로 힘들어진 지금도 마찬가지이다. 현재 상황을 탓하며 주저앉아 있을 것이 아니라 상황에 맞도록 자신의 모습을 수정하고, 맞추어가는 자세가 필요하다.

13

다른 사람과 빨리 친해지고 싶어서 조바심이 나요

고슴도치의 딜레마

누군가와 단단한 관계를 맺고 싶다면, 빠르게 친해지고 싶다는 욕심을 버려야 한다.

"세일즈 초보는 고객에게 처음부터 지나치게 바짝 다가서는데 그게 실수입니다. 고수는 적당한 거리를 두죠. 세일즈에 성공하는 첫 번째 원칙은 고객과 일정한 거리를 두는 것입니다."

대형 세일즈 커뮤니케이션 강연에서 유명한 세일즈 달인을 만나, 그에게 세일즈 성공의 원동력이 무엇이냐고 물은 적이 있다. 영업을 하려면 고객과 최대한 친밀한 관계를 유지하라고 알려져 있지만, 사실 고객은 지나치게 자신에게 밀착해오는 영업자에게 거부감을 느낀다는 것이다. 이는 꼭 영업뿐 아니라 사람을 대하는 모든 분야에서 통하는 노하우다. 즉, 누군가와 좋은 관계가 되고 싶다면 친해지고 싶다면 상대에게 무조건 다가가서는 안 된다.

대학생 J는 친구가 별로 없는 편인데, 아르바이트하며 정말 친해지고 싶은 친구를 만났다. 그와 잘 지내보고 싶은 J는 연락도 자주 하고, 만나서 같이 놀자는 제안도 많이 건네고 있지만, 정작 친구와는 생각만큼 빨리 친해지지 못하고 있다는 생각에 조바심이 난다. 그는 만나서 노는 것도 좋지만, 혼자 집에서 쉬고 싶다며 때때로 J의 제안을 거절하곤 한다. 이런 상황을 몇 번이나 겪은 J는 자신의 방법이 틀렸는지 걱정하게 됐다. 결국 그는 강연 후 필자를 찾아와 자신의 상황을 설명하고, 어떻게 하면 사람들과 잘 친해질 수 있는지 물었다.

"혹시 제가 싫어서 집에서 쉬고 싶다는 핑계를 대는 게 아닐까요? 관계가 이대로 발전하지 않을까 봐 자꾸만 조바심이 생깁니다."
"매우 자연스러운 현상이니 걱정하지 마세요. 사람에게는 누구나 관계의 친밀함을 원하는 동시에 관계에서 멀어지고 싶은 모순적인 욕구가 있어요."

친밀한 관계를 맺고 싶은 마음과 혼자 있고 싶은 마음, 두 가지 감정이 충돌하는 현상은 어떻게 이해할 수 있을까? 사람들은 주변인들과 함께 있고 싶어 하면서도 관계가 너무 가까워지는 데 두려움을 느낀다. 이를 심리학에서는 **고슴도치의 딜레마**Hedgehog's Dilemma라고 한다.

관계의 친밀함을 원하는 동시에 관계에서 거리를 두고 싶어 하는 욕구

이 용어는 1851년, 쇼펜하우어Arthur Schopenhauer가 쓴 『소논문집과

보충논문집』의 '고슴도치 우화'에서 처음 사용됐다. 고슴도치들은 날씨가 추워지면 온기를 나누기 위해 모이지만, 서로의 가시에 찔려 아픔을 느낀다. 하지만 고통을 줄이기 위해 떨어지면 추위에 떨 도리밖에 없다. 이렇게 해서 몸에 가시가 잔뜩 난 고슴도치에게는 동료와 가까워질 수도, 멀어질 수도 없는 딜레마가 생기게 된다.

사람들 사이에도 고슴도치 딜레마가 그대로 적용된다. 활발하고, 사람 사귀는 것을 좋아하는 사람 역시 갑자기 다가오는 사람에게는 거부감을 느낄 때가 있다. 왜일까? 사람들에게는 모두 각자의 '방'이 있다. 실제로 거주하는 공간이 아니라 아무도 들이고 싶지 않은 내면의 공간이다. 사람들과 왁자지껄하게 떠들어대는 순간에도, 혼자 조용히 머물고 싶은 욕구가 존재한다. 이 방은 친구들과 아무리 즐거운 순간을 보낸다 하더라도, 완전히 사라지는 일이 없다. 따라서 갑작스럽게 그 선을 넘고 방을 침범하려는 사람을 만나면, 본능적으로 거부감을 느끼고 한 발자국 떨어지려고 하는 것이다.
『논어』에도 비슷한 내용이 나온다.

공자에게 제자 자공이 물었다.
"사(師, 자장)와 상(商, 자하) 중에 누가 어집니까?"

공자는 말했다.

"사는 지나치고 상은 미치지 못한다."

자공이 반문했다.

"그럼 사가 낫단 말씀입니까?"

공자가 대답했다.

"지나친 것은 미치지 못한 것과 같다."

공자에게 두 제자 중 어느 쪽이 더 낫냐고 묻자 '지나친 것은 미치지 못한 것과 같다'고 대답한 데서 과유불급(過猶不及)이라는 고사성어가 생겨났다. 이처럼 사람들과 나누는 대화 역시 지나치게 많은 것보다는 모자란 편이 나은 법이다. 아무리 가까운 사이라도, 또 필요에 의해 가까워져야 하는 관계더라도 너무 조급하게 다가서지는 말아야 한다.

그렇다면 다른 사람의 방에 침범하지 않으면서도 타인과 쉽게 가까워질 수 있는 방법은 무엇일까? 바로 리액션, 즉 상대의 말에 '오', '정말요?', '그래서요?'라는 식으로 맞장구쳐주는 것이다. 이는 자신을 많이 드러내지 않으면서도 '당신의 말에 동의한다'는 표현이 된다. 칭찬도 좋은 방법이다. 칭찬을 받으면 기분이 좋아지고,

상대에게 느끼는 거리감도 줄어들기 때문에 대개, 관계를 돈독하게 해주는 역할을 한다.
물론 이것도 지나치면 역효과가 난다. 사람들은 자신에게 아부하거나 비위를 맞추려는 행동을 쉽게 눈치 채기 때문이다. 빨리 친해지려는 의도로 시도 때도 없이 칭찬을 남발할 경우 역시 역효과가 날 확률이 크다.

누군가와 단단한 관계를 맺고 싶다면, 빠르게 친해지고 싶다는 욕심을 버려야 한다. 상대방과 친밀해지지 못할까 봐 불안해하지 않아도 된다. 당신이 특별히 매력이 없다거나 잘못해서 더 노력해야 하는 상황이 아니다. 사람이라면 누구나 혼자만 머물 수 있는 방을 가지고 있고, 때때로 그 방에 들어가 쉬기를 원한다. 적절한 리액션과 칭찬을 하며 기다리고 있으면, 혼자만의 방에 머물던 그가 방문 열고 밖으로 나올 것이다.
금세 자신만의 방에 쉬러 들어갈지도 모른다. 당연한 것이니 너무 실망하지 말고, 현재 상태를 즐기며 관계를 이어가는 수밖에 없다. 사람은 누구나 남과 함께하려는 욕구와 혼자 지내려는 욕구를 동시에 가진 모순적인 존재이기 때문이다.

4장

성과를 높여주는 심리학

14

작심삼일은 그만! 꾸준히 하는 법이 궁금합니다

의지력

의지력을 새로운 일에 쓸 수 있을 만큼 미리 챙겨두고, 가능한 한 작은 목표부터 도전하면 어떤 일이든 좀 더 쉬워진다.

“하면 된다!”

“강한 의지력을 가지면 누구든 성공할 수 있다.”

자기계발서를 보면 쉽게 찾아볼 수 있는 구호다. 과거에 비해 요즘은 좀 시들해진 느낌이지만, 학교와 학원에서, 기업과 각종 기관 그리고 강연에서 비슷한 구호를 여전히 접할 수 있다.

누구나 결심만 하면 뭐든 이룰 수 있다는 이야기를 들으면 즉흥적인 의욕과 용기가 생긴다. 성적이 하위권인 학생은 “그래, 나도 지금부터 열심히만 하면 좋은 대학에 갈 수 있어”라고 다짐하고, 실적이 좋지 않은 직장인은 “목표 달성은 의지에 달렸다. 강한 정신력으로 달리자!” 하며 각오를 다진다. 역경을 극복하고 성공한 사람의 일대기를 들으면 “저분도 인생 역전을 했는데 나라고 못 할 게 없지. 지금부터 나를 완전히 바꿔보자”라고 주먹을 불끈 쥐게 된다.

하지만 과연 뭐든 ‘하면 된다’는 생각만으로 성공할 수 있을까? 현실은 그렇지 않다. 처음 며칠은 자기계발 구호를 외치면서 하루하루를 보내지만, 곧 결심은 흐지부지되고 달라지는 건 거의 없다. 그래서 자기계발 구호에 매달린 대다수 사람은 쉽게 좌절에 빠져서 "나처럼 금방 그만두는 사람은 아무것도 해내지 못할 거야!"라며 자조 섞인 푸념을 하게 된다.
무언가를 끝까지 지속할 수 있는가의 여부는 **의지력**Willpower과 연관되어 있다.

목표를 달성하기까지 지탱할 수 있는 뚜렷한 생각이나 뜻

문제는 목표를 달성하지 못할 경우, 자신을 지탱해주는 튼튼한 기둥인 자존감까지 심각하게 훼손된다는 것이다. 의지력의 대가이자 미국 플로리다주립대 교수인 로이 바우마이스터Roy F. Baumeister에 따르면, 의지력이 높을수록 자존감이 높고, 성장해서 사회적으로 성공할 가능성 역시 커진다.

"의지력은 개인과 사회 모두에 유익한 덕목입니다. 의지력은 개인의 행복감을 높이며 규칙을 잘 지키게 하고, 사람들 간의 신뢰를 높여 더 살기 좋은 사회를 만듭니다."

곧 의지력이 강한 사람일수록 자존감이 높고, 의지력 약한 사람일수록 자존감이 낮다는 말이다. 또한, 스스로 의지력이 없다고 받아

들여 실의에 빠질 경우, 자존감이 더 낮아지는 악순환이 시작된다. 단기적으로 자기계발 구호를 외치는 것이 결코 좋지 않은 이유이다. 그러면 타고난 의지력이 없을 경우, 자존감이 떨어지는 상황을 받아들일 수밖에 없는 걸까?
여기서 의지력에 대한 잘못된 오해를 불식시키고 싶다. 의지력은 고정돼 있어서, 아무리 써도 고갈되지 않고 일정하게 유지되는 것이 아니다. 또한 능력치처럼 사람마다 다르게 정해져 변하지 않는 것도 아니다.
흔히 회사에서 무슨 일에든 적극적으로 참여해 높은 성과를 내는 직장인이라면, 퇴근 후에도 조깅을 하거나 자기계발에 매진하는 등 자신과의 약속을 잘 지킬 것으로 생각하지만 실제로는 그렇지 않다. 의지력은 자꾸 쓰다 보면 어느새 고갈되고 만다. 따라서 한 사람의 의지력은 모든 방면에서 일관되게 유지될 수 없다.

바우마이스터 교수는 죄수의 가석방을 심리하는 판사를 관찰해, 시간이 지남에 따라 의지력이 소모되는 현상을 발견했다. 판사들의 평균적인 죄수 가석방률은 약 2명 중의 1명꼴이었다. 그런데 점식 식사 이전에는 20%에 그친 가석방률이 점심 식사 직후엔 60%로 높아졌다. 또한 오후 늦은 시간에는 10%까지 떨어졌다. 식후엔 의지력이 높아져서 가석방 통과율이 높았고, 의지력이 소모된 그 나머지 시간대에는 상대적으로 낮아진 것이다. 이렇듯 객관적인 자료를 기준으로 판단하는 상황에서조차 의지력이 일관성을 보이지 않는다.

따라서 지금까지 목표를 세웠다가도 잘 지키지 못해 좌절감에 빠지거나 자존감을 잃어버리기 일쑤였대도, 자신을 '목표를 이룰 수 없는 사람'이라고 생각하며 자책하지 말자. 의지력은 사용할수록 고갈되며, 사람에 따라 어떤 영역에서는 강하게, 반대로 어떤 영역에서는 약하게 발휘된다. 그러므로, 실현 불가능한 목표에 의지력을 실험하기보다는 실천 가능한 일상의 작은 습관부터 의지력을 발휘해보는 게 좋다. 자존감을 잃지 않으면서도 자신을 변화시키고 싶다면, 우선 일상 속에서 작은 목표를 세우고 그것을 조금씩 실천하는 계획을 세워보자.

평소에 독서를 거의 하지 않지만, 매일 독서하기를 목표로 세웠다는 직장인을 만난 적이 있다. 그는 독서를 통해 재충전하고, 지식을 쌓는 시간이 꼭 필요하다고 느꼈다. 하지만 야근과 회식을 반복하는 상황에서 현실적으로 쉬운 일이 아니었고, 그는 3일 만에 책 읽기를 포기하고 말았다. 그가 게을러서는 아니다. 일에 집중해 의지력을 전부 써버렸기에, 새로운 습관을 만드는 데 필요한 여분의 의지력이 남아 있지 않았던 것이다.
필자는 그에게 두 가지 처방을 내렸다. 첫 번째는 회사 일에 의지력을 전부 소진하지 않는 것이다. 그는 꼭 필요한 상황이 아니면 야근하지 않고, 점심시간에도 편히 휴식하는 등 의식적으로 에너지를 남겨두었다.
다음은 독서 목표를 아주 작게 세우고 실천하는 것이다. 무언가를 시작하는 데는 유지할 때보다 큰 의지력이 든다. 따라서 하루 1시간 책 읽기, 1주일에 1권 읽기 등 거창한 목표보다는 하루 10분 이상 책 읽기처럼 작은 목표를 세우면 실현 가능성이 더 커진다. 또한 쉽고 재미있게 읽히는, 흥미 위주의 책을 선택하는 편이 좋다. 그 결과, 그는 작심삼일이라는 난관을 뚫고 1년여간 거의 매일 독서를 하고 있다고 전해왔다.

뭐든 작심삼일이라고 괴로워하거나 자학하지 말고, 현명하게 대처하자. 의지력을 새로운 일에 쓸 수 있을 만큼 미리 챙겨두고, 가능한 한 작은 목표부터 도전하면 어떤 일이든 좀 더 쉬워진다. 그 과정에서 자존감도 쑥쑥 자라날 것이다.

15

무슨 일이든 시작하기가 힘든가요?

질문·행동 효과

자신에게 하고 싶은 일을 잘할 수 있냐고 스스로 계속해서 질문하고, 긍정하며 대답하는 것만으로 실천할 확률이 높아진다.

"운동을 시작했는데 금방 그만둘 것 같아요."
"올해는 공부를 열심히 하고 싶은데 가능할지 모르겠네요."
"프로젝트에 성공하고 싶은데, 방법이 있을까요?"

새로운 일을 시작할 때면 두려움이 앞선다. 많은 고민 끝에 큰맘 먹고 시작했다 하더라도, 금세 포기하는 경우가 많기 때문이다. 반드시 목표를 달성하겠다고, 성과를 내겠다고 굳게 결심해도 실천이 잘 뒤따르지 않는다.

필자 역시 예외는 아니었다. 야식을 먹으며 TV를 보는 습관 때문에 단기간에 10kg 이상 살이 쪘던 적이 있다. '올해 안에 원래 몸무게로 돌아가야지', '야식은 끊고 앞으로는 건강식을 챙겨 먹어야지', '매일 운동하겠어'처럼 각오를 다지고 또 다졌건만 행동으로 옮기기는 힘들었다. 전국 방방곡곡을 다니는 빽빽한 강의 스케줄 때문에 집에 들어가지 못하고, 호텔에서 잠을 청하는 일이 부지기수였기 때문이다.
사정이 이렇다 보니 다이어트는 물론 새로운 일을 한다는 것 자체가 쉽지 않았다. 새로운 강의 콘텐츠를 위해 틈틈이 독서를 하려고 마음먹었지만, 며칠 못 가서 포기하고 만 적도 있었다. 자신에 대한 실망감이 커졌고, 무미건조하게 하루하루를 보내게 됐다.

그런 필자가 지금은 목표했던 만큼 체중 감량에 성공하고, 건강한 체형을 유지하고 있다. 다이어트에 성공한 후에는 독서에도 도전해서, 지금까지 꾸준히 이어오고 있다. 오랜만에 만난 사람들이 깜짝 놀라면서, 대체 어떻게 다이어트를 했느냐고 물어오면 알려주는 비법이 바로 **질문·행동 효과**Question-behavior Effect, 즉 **자기 질문법**이다.

사람들에게 특정 행동을 할 것인지를 질문하면 행동을 실천할 가능성이 높아진다는 현상

미국 캘리포니아주립대, 뉴욕주립대, 워싱턴주립대, 아이다호대 공동 연구팀이 질문·행동 효과와 관련한 40여 년 동안의 연구를 종합해 분석했다.

예를 들어 그들은 대학생을 대상으로 "앞으로 두 달 동안 꾸준히 운동을 할 것이냐"고 질문했다. '그렇다'고 대답한 사람 중 실제로 운동을 실천한 사람의 비율은 26%로, 질문하지 않은 상황인 14%에 비해 훨씬 높았다. 즉, 사람들에게 특정 행동을 할 것인지 질문하면 실제로 그 행동을 실천할 가능성이 높아졌다. 그 이유에 대해

연구진은 이렇게 설명한다.

“질문에 답하는 과정에서 마치 약속과 같은 심리적 반응이 나타나기 때문입니다. ‘예’라고 대답해놓고 지키지 않으면 마음이 불편한 것과 같습니다.”

연구진에 따르면, 질문·행동 효과는 타인과의 약속에서만 발현되는 게 아니라 스스로 질문하고 대답할 때에도 효과가 있다. 결심은 특정 행동을 꼭 하겠다는 다짐이다. 따라서 자기 자신에게 묻는 과정만으로도 결심을 강화할 수 있는 것이다.
결심을 행동으로 옮기기 위해서는 실천이 필요하다. 실천력을 높이는 방법 역시 간단하다. 바로 ‘질문하고 대답하기’이다.

“운동을 규칙적으로 할 거지? 그렇고말고!”
“올해 공부를 열심히 할 거지? 맞아, 그래서 꼭 취업할 거야.”
“프로젝트에 성공할 수 있지? 그럼! 나는 잘할 수 있어.”

자신에게 하고 싶은 일을 잘할 수 있느냐고 스스로 계속해서 질문하고, 긍정하며 대답하는 것만으로 실천할 확률이 높아진다.

누구나 삶의 변화를 위해 새로운 습관을 만들어보려 애를 쓴다. 옛 관성 때문에 마음먹은 대로 실천하기가 쉽지 않다면, 스스로에게 계속해서 질문하고 답해보자. 자신의 결심을 의식하고, 할 수 있다고 대답하는 과정에서 실제로 성공할 확률이 훨씬 높아진다.

16

목표를 효과적으로 이루고 싶나요?

GROW 모델

목표가 무엇인가?

티모시 걸웨이Timothy Gallwey라는 테니스 코치가 선수들의 실력을 향상시킬 방안에 대해 고민하고 있었다. 그를 포함해 대부분의 코치는 선수가 실수하면 문제점을 지적하고, 다그치기 일쑤였다. 선수가 공을 엉뚱한 곳으로 날리면, 기다렸다는 듯이 "공에서 눈을 떼지 말라"며 신경질적으로 목소리를 높였다.

이외에도 선수의 작은 실수 하나를 놓치지 않고 호되게 지적했다. 물론 코치들이 바란 바는 선수가 같은 실수를 하지 않도록 주의를 기울여서 실력이 좋아지는 것이었다. 하지만 그가 가르치는 선수들의 실력은 조금도 나아지지 않았다.

'이게 뭐람. 쓸데없이 지적해서 선수들의 기분만 상하게 하고 있었잖아. 새로운 방법을 찾아봐야겠어.'

결국 그는 많은 시간을 투자해, 선수의 실력 향상에 획기적으로 도움을 주는 방법을 찾아냈다. 선수 스스로 자신에게 어떤 변화가 필요한지를 발견하도록 질문하는 방법이었다. 이 방법을 사용하면 선수가 자신의 문제점을 더 확실하게 인식하고 개선해, 실력이 빠르게 좋아졌다.

가장 먼저, 선수가 달성해야 할 목표를 설정한다. 예를 들어 선수가 첫 번째 서브를 개선하고자 도움을 요청하면, 코치는 이렇게 질문을 던진다.

"첫 서브가 어떻게 들어가는지 잘 보고 있습니까? 공이 안쪽으로 떨어질 때와 바깥쪽에 떨어질 때의 차이를 스스로 발견했습니까?"

이 질문을 받은 선수는 공이 각각 안쪽 혹은 바깥쪽으로 떨어질 때의 동작과 심리에 차이가 있다는 사실을 스스로 깨닫게 된다. 자신의 문제점을 파악한 선수는 그 부분을 집중적으로 개선하려고 노력하고, 결국 첫 서브를 완벽하게 넣을 수 있게 된다.
이는 스포츠뿐 아니라 일반적인 학습에도 적용되는 원리로 승화되었고, 이 내용을 기업가인 알렉산더 그레이엄Graham Alexander, 앨런 파인Alan Fine, 존 휘트모어 경Sir. John Whitmore이 체계적으로 다듬어 **GROW 모델**이라는 코칭 이론으로 정립했다.

질문을 통해 목표를 설정하고, 문제를 해결하는 데 도움을 주는 효과적이고 구조화된 코칭 프로세스

학습자는 지시와 강요를 받으면 현재의 학습보다는 코치 말에 더

신경 쓰기 때문에 능력이 향상되지 않는다. 반대로 현재 상황에 초점을 맞추고, 스스로 대안을 찾을 때는 학습 성과가 높아진다. 원래는 코치가 질문을 던지면서 피코치의 학습 능력을 극대화하는 방법이지만, 학습자 스스로 코치가 되어 자신에게 질문을 던져도 무방하다.

GROW 모델이라는 명칭은 주요 개념에서 각각 첫 글자를 따온 것이다.

G(목표Goal) : "목표가 무엇인가?"라고 질문한다. 학습자가 스스로 중단기 목표를 세우고, 주인의식을 갖는 단계다. 타인이나 물질적 보상에 의해 세워진 목표가 아닌 자신이 진정으로 원하는 목표를 세워야 한다.

R(현실Reality) : "내 현재 상태가 어떤가?"라고 질문한다. 목표가 지나치게 높으면 달성 가능성이 희박해진다. 따라서 자신이 가지고 있는 시간, 에너지, 학습 환경 등을 객관적으로 고려해 현재 상태를 파악해야 한다.

O(선택Option) : "목표 달성을 위해 사용할 수 있는 방법이 무엇인가?"라고 질문한다. 목표를 달성하기 위한 방법을 최대한 많이 찾아내고, 그 내용을 목록으로 작성한다.

W(의지/결론Will/Wrap-up) : "이제 무엇을 할 것인가?"라고 질문한다. 질문을 던짐과 동시에 의식과 몸은 반사적으로 학습 능력을 향상하기 위한 실천에 돌입한다.

공무원 시험을 준비 중인 A의 예를 들어, GROW 모델을 적용해보자. 치열한 경쟁률 때문에 수년간 시험에 매달리다 보면, 목표가 무엇인지 잊고 무기력해지는 일이 생긴다. 이를 방지하려면 어떻게 해야 할까?

첫 번째는 목표를 세우는 것이다. 가슴에 손을 얹고 남들이 다 하니까 공무원 시험 준비에 뛰어든 것인지, 아니면 진정으로 자신이 원해서 하는 것인지 생각해보라. 공무원 시험을 보고자 하는 분명한 이유를 찾아내는 게 중요하다. 안정된 직장을 얻기 위해서인가? 저녁이 보장된 삶을 원해서인가? 자신에게 묻고, 확고한 목표를 세우자.

두 번째는 현실을 파악해보는 것이다. 공부할 분량이 엄청난데 수면 시간이 너무 길거나, 집 주변이 유흥가라서 밤만 되면 시끄럽지는 않은가? 가정 형편이 어려워 집에서 많은 지원을 해주지 못할 수도 있다. 이게 자신의 현실이라면 부정하거나 회피하지 말고 직시해야 한다.

세 번째는 목표 달성을 위한 방안을 찾는 것이다. 특히 목표 달성에 방해가 되는 현실적인 장애물을 발견했다면 이를 극복할 방법을 반드시 찾아야 한다. 수면 시간이 길다면, 알람시계를 사용해 정해진 시간에 무조건 기상하는 것을 목표로 하자. 집 근처가 시끄러우면 비용이 들더라도 독서실이나 도서관으로 가자. 집에서 금전적으로 지원해주지 못한다면, 현실적으로 어떻게 하면 아르바이트와 공부를 병행할 수 있을지 생각해봐야 한다.

네 번째는 합리적인 방안을 찾고 실행에 옮기는 것이다. 사실 알람시계만으로 쉽게 아침잠을 줄일 수는 없다. 따라서 더욱 강력하고 실천 가능한 방안을 찾아야 한다. 가령 스터디 그룹에 들어간다든지, 친구와 정해진 시간까지 독서실에 도착하지 못하면 벌금을 내는 방안을 떠올려보자. 이렇게 하면 일찍 일어나는 데 강제력이 생기므로, 좀 더 많은 시간을 공부에 매진할 수 있다.

그 외의 경우도 마찬가지다. 가능한 한 합리적이고 강력한 방안을 찾고, 실행에 옮겨라. 목표를 좀 더 쉽고, 효과적으로 이룰 방법이다.

17

집중해야 하는데 자꾸만 딴생각을 하게 됩니다

몰입

느끼는 것, 바라는 것, 생각하는 것 등 각각의 경험은 서로 조화를 이루면서 하나로 어우러져야 한다.

"12시간씩 공부를 하는데 성적이 안 올라요."
"주말에 출근하면서까지 일을 열심히 하는데 성과가 안 나오네요."
"시험을 볼 때마다 자꾸 딴생각이 나서 미치겠어요."

이처럼 집중을 하지 못해 고민하는 사람이 많다. 다른 사람보다 더 많은 시간을 일에 투자하건만 해도 해도 눈에 띄는 성과는 나오지 않으니, 마치 밑 빠진 독에 물 붓기처럼 느껴진다.
심지어 오랫동안 준비한 시험을 치르러 가서도 제대로 집중하지 못해 곤경에 빠지는 사람도 있다. 누가 기침 소리를 내거나 시험관이 발소리를 내며 지나가는 것만으로도 짜증이 난다. 또 밖에서 비행기 소리, 학생들이 축구 경기를 하는 소리가 들려 시험을 망쳤다는 사람도 적지 않다. 그렇다면 어떻게 해야 중요한 상황에서 제대로 집중할 수 있을까?

지인의 아들이었던 대학생 O는 1학년 때부터 공인회계사시험에 도전 중이었다. 그는 3학년 때 2차 시험에서 떨어진 후 군대에 갔고, 전역 후 또다시 시험공부를 하고 있다고 했다. 그는 이른 아침부터 도서관이 문을 닫을 때까지 공부에 매진했다. 아침 7시부터 저녁 11시까지를 공부 시간으로 정해놓고, 식사 2시간을 제외한

14시간을 매일 지정석에 앉아서 공부한 만큼, 그는 전역 직후엔 분명 시험에 붙을 거라고 생각했다. 하지만 그 꿈을 이루지 못했고, 졸업하고 나서도 계속해서 도서관에 나가 시험 준비에 매달리게 됐다. 시험에 연이어 세 번이나 낙방하고 만 그는 고민 끝에 필자를 찾아와 상담했다.

"공부에 바치는 시간만 따지면 다른 사람과 비교할 수 없을 정도로 깁니다. 그런데도 시험에서 자꾸 떨어지니까 미치겠어요. 제게 무슨 문제라도 있는 걸까요?"
"공부는 시간의 양보다는 질이 중요하죠. 제한된 시간에 얼마나 효율적으로 공부하느냐를 기준 삼아야 합니다. O님도 몇 시간 공부하느냐보다는 얼마나 '집중해서' 공부했는지를 우선시해야 할 것으로 보입니다. 즉, 공부에 몰입해야 한다는 뜻입니다."

어느 분야에서나 치열한 경쟁이 벌어지고 있다. 경쟁력을 지니려면 자기 일을 빠르고, 수준 높게 처리해야 한다. 과연 어떻게 해야 짧은 시간 안에 만족스럽게 일을 끝마칠 수 있을까?
몰입의 세계적인 거장인 심리학자 미하이 칙센트미하이Mihaly Csikszentmihalyi에 따르면 **몰입**Flow의 의미는 다음과 같다.

한 가지에 흠뻑 빠져 심취해 있는 무아지경의 상태

칙센트미하이는 몰입이라는 개념을 '의식이 경험으로 꽉 차 있는 상태'라고 정의했다. 이때 느끼는 것, 바라는 것, 생각하는 것 등 각각의 경험은 서로 조화를 이루면서 하나로 어우러져야 한다.

몰입은 일상에서도 자주 일어난다. 몰입이 가장 쉽게 일어나는 순간은 게임을 할 때다. 게임에 푹 빠지면 주변에서 누가 부르는 소리도, 전화벨도 듣지 못하고, 심지어 배고픔마저 전혀 인지하지 못한다. 게임과 자신을 분리하지 못하고, 하나가 된 채로 여러 시간이 이어지는 경우도 많다.

흥미진진한 드라마를 볼 때도 그렇다. 드라마 속에서 자신을 버린 남자에게 복수하려는 여자가 등장한다. 주인공이 남자를 미행하며 기회를 노리고 있는 장면을 보고 있노라면 가스레인지 위에서 물이 끓고 있는 상황도, 할 일이 있다는 것도 깜박 잊고 만다.

이처럼 누구나 일상에서 기분 좋게 몰입하는 경험을 한다. 몰입할 때의 기분 좋은 감각이 공부, 회사 업무, 시험 등 중요한 일을 할 때도 발휘되면, 능률이 향상되는 것은 당연하다.

몰입이 필요하다면, 당신의 일을 몰입이 잘 일어나는 형태로 바꿀 필요가 있다. 몰입이 잘 일어나는 과제는 세 가지 특징을 가진다.

① **분명한 목표가 있다** : 막연히 '성적을 올리겠다'는 목표보다는 구체적으로 '영어 과목에서 95점을 맞겠다'는 목표가 더 몰입하기 쉽다.
② **즉각적인 피드백이 있다** : 매 순간 과제를 잘하고 있는지에 대한 평가를 받아야 한다. 그래야 한눈팔지 않고 집중을 이어갈 수 있다.
③ **목표와 개인 역량 사이에 균형이 있다** : 목표가 자기 역량에 비해 지나치게 높으면 흥미를 잃거나 포기하기 쉽다.

또한 칙센트미하이는 잘 몰입하기 위해서는 일에 대한 자발성과 자기 목적성이 뚜렷해야 한다고 말했다. 반대로 누가 시켜서 하거나, 특정한 성과를 위해서, 타인의 평가를 위해서 무언가를 할 때는 몰입이 잘 일어나지 않는다.
아이작 뉴턴, 알베르트 아인슈타인, 빌 게이츠, 워런 버핏 등 세계적인 대가는 이런 특징을 가진 과제를 찾아 자발적으로 진행했기에 위대한 성과를 낼 수 있었다. 하지만 모든 목표가 몰입이 잘 일어나는 조건을 가진 것은 아니다. 또한 몰입을 잘하기 위해서는 꾸준한 훈련도 필요하다. 목표에 좀 더 쉽게 몰입할 수 있는 방법은 뭘까?

① **가장 중요한 문제를 설정하라** : 문제를 해결할 때 보람과 성취감이 드는 것을 우선으로 선택하라. 그리고 나서 그 해결을 위한 관련 지식과 노하우를 차근차근 습득하라.
② **최적의 환경을 만들라** : 도서관, 집 등 자신이 가장 몰입하기 좋은 환경을 찾고, 갖춰라. 카페에서도 백색소음으로 인해 의외로 몰입이 잘 된다.
③ **규칙적으로 운동하라** : 정신노동으로 인한 피로는 간단한 운동으로 풀어주는 게 좋다. 지속적인 긴장 상태가 유지되면 몰입도가 떨어진다. 규칙적으로 운동을 하고 나서 책상에 앉으면 머리가 한결 개운해진 상태에서 집중할 수 있다.
④ **단백질을 많이 섭취하라** : 몰입을 하다 보면 두뇌에서 단백질 소모가 많아진다. 따라서 더욱더 많은 단백질을 공급해줘야 한다. 단백질이 떨어질수록 몰입의 힘이 떨어진다.

네 가지 방법을 기억하며 꾸준히 반복 훈련을 하다 보면 원하는 상황에 쉽게 몰입하고, 더 수월히 목표를 이룰 수 있을 것이다.

18

막상 부모님의 품에서 벗어나려니 불안합니다

자기 결정 이론

인생을 자기 뜻대로 살고 싶다면 외적인 요인에 자신을 맡기면 안 된다. 의미와 재미를 찾아 스스로 인생을 결정하라.

"어머니가 공부 열심히 하라고 해서 학력고사 전국 1등까지 했고, 어머니가 의사 되라고 해서 의대에 갔고 (…) 내일모레 쉰이 되는데도 어떻게 살아야 하는지도 모르는 놈을 만들었잖아요, 어머니가!"

드라마 〈SKY 캐슬〉에서 의사 '강준상'이 내뱉은 말이다. 50세가 다 되도록 어머니가 시키는 대로 살아온 그는 돌이킬 수 없는 큰 죄를 지었다는 사실을 알고 오열한다. 그는 단 한 번도 큰일을 스스로 결정하고 선택해본 적이 없다. 오로지 어머니가 설계해놓은 로드맵에 따라 커왔고, 마침내 최종 목표인 병원장이 되기 직전, 인생 전체가 와르르 무너져내리는 경험을 한다. 그때서야 그는 자신이 어머니의 허수아비였음을 깨닫는다.

우리 주위에 강준상 같은 사람이 꽤 많다. 대학생 C는 외고 출신으로 현재 우리나라 최고 명문대의 법학과에 다니고 있다. 그의 아버지는 평범한 직장인이었는데, 누구보다 신분 상승 욕구가 강했다. 샐러리맨으로 평생을 살았기 때문에, 자식만은 떵떵거리며 살아갔으면 좋겠다고 입버릇처럼 말하곤 했다.
C는 어려서부터 1등을 놓쳐본 적이 없었지만, 막상 대학에 와보니 그보다 공부를 잘하는 학생들이 무척이나 많았다. 충격 속에서 늘

중하위권 성적에 머물던 그는 로스쿨을 준비한다는 핑계로 신림동 고시촌으로 들어갔다. 하지만 공부는 손에 잡히지 않았고, 평소 좋아하던 책 읽기에 푹 빠져 1년 가까운 시간을 보냈다. 공부를 하지 않고 딴 데 정신 팔고 있었다는 사실을 아버지에게 들킬까 봐 걱정돼 고민하던 그는 우연히 시민 행복 특강을 듣게 됐고, 강연 후 필자에게 찾아와 고민 상담을 요청했다.

"법전이 손에 잡히지 않아요. 법학과에 지원한 것은 '집안을 일으켜 세우려면 법조인이 되어야 한다'는 아버지의 뜻이었어요. 하지만 지금은 진짜 원하는 게 뭔지 알 수 없어서 혼란스럽고, 공부에도 진척이 없어요. 혼자서 시간을 보내다 보니 어렸을 적부터 꿈꾸던 작가가 되고 싶다는 꿈은 생겼지만, 미래가 불안하고…. 이대로 아버지의 말을 듣는 게 좋을까요?"
"요즘 많은 사람이 비슷한 증상을 겪고 있어요. 어려서부터 부모님이 시키는 대로 하기 때문에 막상 원하는 대학에 진학하고 나면 자기 정체성에 혼란이 생깁니다. 한 번도 제대로 선택하고 결정을 내려 보지 못했기에 정신적인 위기를 겪지요. 겉으로만 성인일 뿐이지 내면은 갓난아이와 마찬가지예요. 하지만 어떤 일을 하든, 능률을 위해서라도 스스로 선택해야 합니다."

어떤 일이든 간에, 자기가 주도적으로 할 때와 남에게 강요받아서 할 때의 차이가 무척이나 크다. 후자의 경우, 반짝 성과를 보일지 몰라도 장기적으로는 큰 성과를 내기 힘들다. 이를 잘 설명해주는 것이 **자기 결정 이론**Self Determination Theory, SDT이다.

참가 동기가 내재적인지 외재적인지에 따라 결과가 다르게 나타난다는 이론

1985년, 사회심리학자인 에드워드 데시Edward Deci와 리처드 라이언Richard Ryan이 수립한 이 이론은 자기 결정이 개입되는 정도에 따라 같은 일이라도 결과에는 상이한 차이가 나타난다는 것이다. 동기의 종류를 순서대로 알아보자.

① **무동기**Amotivation : 특정 행동을 할 의지가 전혀 없으며, 실제로도 전혀 행동하지 않거나 의도 없이 수동적으로 수행하는 상태다. 자기 결정권이 전혀 없어 상황을 통제하지 못한다.
② **외적 조절**External Regulation : 특정한 행동이나 과제에 흥미가 전혀 없는 상태이다. 외부 요인 즉, 상벌이 없으면 전혀 과제를 하지 않는 단계로 외재적 동기 중에서 자기 결정이 가장 낮다.

③ **투입된 조절**Introjected Regulation : 특정한 행동을 해야 하는 이유가 내면화하기 시작한 상태다. 이때는 반드시 외부 요인에 의해서만 행동하지는 않는다. 타인의 긍정적 반응을 고려하여 스스로 과제를 수행할지 말지 결정한다. 특히 부모와 선생님으로부터 인정을 받고 비판을 회피하기 위해 행동한다.

④ **동일시**Identified Regulation : 특정 행동이나 과제를 해야 이유와 가치를 자신의 것으로 받아들인 상태다. 공부나 일을 열심히 해야 원하는 목표를 이룰 수 있다는 사실을 스스로 깨닫고, 실생활에 유용할 것 같아서 노력한다. 하지만 아직 행동 자체에 의미를 부여하지는 못한 상태다.

⑤ **통합된 조절**Integrated Regulation : 특정한 행동의 가치를 자신의 것으로 내면화한 상태다. 과제 자체에 대한 의미를 부여함과 동시에 흥미를 느낀다. 외재적 동기 중에서 자기 결정이 가장 강하다.

⑥ **내재적 조절**Intrinsic Regulation : 특정한 행동을 하는 것 자체에서 즐거움과 보람을 얻는 상태다. 이때 자기 결정이 행동의 원천이 된다. 궁금증을 해결하기 위해, 혹은 그 자체로 재미있어서 공부를 하는 것이 대표적이다.

자기 결정 이론에 따르면, 부모가 설계한 로드맵에 따라 공부하는 학생은 외적 조절 중에서도 투입된 조절에 해당한다. 혼자 자율적으로 공부하려는 자기 결정이 결핍되어 있으므로 재미와 보람을 느끼지 못하고, 그 결과, 진정한 의미의 공부에서는 소외되고 만다. 분명 부모님이 진로나 공부 방향 등을 짜주면 그대로 실행하기만 하면 돼서 편하지만 '공부만을 위한 공부'는 효율도 좋지 않고, 언젠가 후회하는 상황에 이르기 쉽다.

공부뿐 아니라 어떤 일을 할 때든 마찬가지이다. 회사에 입사할지 말지 선택하는 것부터 결혼, 업무 등 모든 상황에서 다른 사람보다 자신의 의견이 우선시되어야 한다. 분명 스스로 선택하는 게 두렵고 막막할 수도 있다. 그러나 인생을 자기 뜻대로 살고 싶다면 외적인 요인에 자신을 맡기면 안 된다. 의미와 재미를 찾아 스스로 인생을 결정하라. 그래야 능률이 오를 뿐만 아니라 후회하지 않을 수 있다.

19

실행력을 높이고 싶나요?

떠벌림 효과

목표를 알고 있는 사람들이 많아지면 많아질수록 꿈에 한 발짝 더 다가설 수 있다.

새해가 되면 새로운 목표를 세우는 사람이 많다. 필자 역시 해마다 꼭 이루고 싶은 목표를 세우고 실천에 옮긴다. 하지만 전국 각지로 강의를 다니는, 생활패턴이 불규칙한 직업이다 보니 계획을 제대로 지키기란 쉽지 않다.

이런 필자가 몇 년 전, '책 출간'이라는 새해 목표를 세운 적이 있다. 욕심을 부려서 '베스트셀러를 만든다'라는 구체적인 내용까지 정했다. 그러나 매일 저녁 피곤한 몸으로 글을 쓴다는 게 쉽지 않았다. 책상에 앉았다 하면 졸음이 쏟아졌고, 한 문장을 써도 다음 문장으로 이어지지 못했다. 중도 포기를 할 위기에 놓인 필자는 특단의 조치를 하기로 했다.

"올해는 기필코 책을 낼 거예요. 기대해주세요!"

"여러분, 제 책이 곧 나옵니다. 틀림없이 베스트셀러가 될 것입니다."

바로 사람들에게 필자의 목표를 떠벌리는 것이었다. 목표를 마음속으로 품는 데 그치지 않고, 주변 사람들에게 구체적으로 선포하고 다니자 신기하게도 점점 나태해지는 자신을 단속할 수 있었다. 정말로 그 해에 첫 번째 책이 세상에 나왔고, 동시에 베스트셀러가 되었다.

전설적인 복싱 영웅 무하마드 알리Muhammad Ali 또한 마찬가지다. 그는 무명 선수 시절, "나는 최고가 될 거야. 나는 최고야"라고 외치고 다녔다. 매스컴은 그를 허풍쟁이라며 비난했지만 예상 밖의 일이 벌어졌다. 그가 기라성 같은 선수를 연이어 무너뜨린 것이다. 심지어 1962년, 전 세계 라이트헤비급 챔피언 아피 무어와의 경기를 앞두고는 "무어는 4회에 KO야"라고 떠벌렸는데, 실제로 이루어졌다. 40연승을 달리던 헤비급 챔피언 조지 퍼먼과의 경기 전에도 무어는 "내가 위대하다는 걸 증명하기 위해 8라운드에 끝낼 것이다"라고 외쳤고, 실제로 8회 KO승을 거두었다. 그는 이렇게 말했다.

"내 승리의 반은 주먹이 아닌 말에 있었다."

목표를 주변에 알리고 다니는 것만으로도 정말 효과가 있을까 하고 의구심을 갖는 분이 있을 것이다. 목표 달성이 단지 우연의 일치이거나 미신이라고 생각하는 분들도 있을 테다. 하지만 절대 그렇지 않다. 떠벌림에는 과학적인 근거가 있다.
필자가 베스트셀러 작가가 되고, 무하마드 알리가 막강한 상대와의 경기에서 KO승을 거둘 수 있었던 것은 **떠벌림 효과**Profess Effect가 작용했기 때문이다.

자신의 목표를 주위 사람에게 알림으로써 실행력이 증가해 목표를 더 쉽게 성취할 수 있게 되는 현상

1955년 미국 심리학자 모튼 도이치Morton Deutsch와 H. B. 제라드H. B. Gerard는 떠벌림 효과를 증명하기 위한 실험을 했다. 그들은 피험자를 A, B, C의 세 그룹으로 나눈 다음, A그룹은 자신의 목표를 아무에게도 말하지 않도록 했다. 다음으로 B그룹은 자신의 목표를 금방 지울 수 있는 글자판에 적어두도록, C그룹은 자신의 목표를 종이에 적고 서명한 후 주변에 공개하도록 각각 주문했다.
그 결과 A그룹의 24.7%, B그룹의 16.3%가 본래의 목표 달성에 실패하고 목표를 수정했지만, C그룹은 단 5.7%만이 목표를 다시 세웠다. 이와 함께 목표를 알고 있는 사람의 수가 많을수록 본래의 목표를 유지해 지키는 경우가 더 많다는 사실이 밝혀졌다.

이는 타인의 기대나 관심이 일의 능률과 결과를 향상되도록 만든다는 **피그말리온 효과**Pygmalion Effect와도 유사하다. 재미있는 점은 목표를 타인에게 알릴 때뿐만 아니라 자기 자신에게 말하는 것도 효과가 있다는 것이다.

"나는 할 수 있는 사람이지!"
"나는 분명 목표를 달성할 거야!"
"난 의지가 강한 사람이니까 결국 해낼 거야."

이렇게 소리치다 보면 자기 암시에 걸리고, 결국 더 좋은 결과를 성취할 수 있다. 달성하기 힘든 목표를 꼭 이루고 싶다면, 주변 사람들에게 널리 알리자. 동네방네 떠벌리면서 소문을 내는 것이다. 내 목표를 알고 있는 사람들이 많아지면 많아질수록 꿈에 한 발짝 더 다가설 수 있다. 떠벌림이 실행력을 강화하기 때문이다.

5장

난관을 극복하는 심리학

20

실패를 극복하고 싶나요?

회복탄력성

노력하는 사이 단단한 회복탄력성이 생기고, 절망적인 상황을 벗어나 훨씬 더 성숙해진 자신을 발견하게 될 것이다.

"또 취직 시험에서 떨어졌어요. 이젠 정말 손가락 하나 까닥하기 힘들어요."
"이번 사업 실패로 사람들이 조롱할까 봐 무서워요."
"불우한 환경에서 자란 저는 성공하는 게 불가능할까요?"

실패와 좌절이 만연한 시대다. 200번 넘게 입사지원서를 냈지만 번번이 탈락했다는 취업 준비생, 경기 악화로 인해 사업 실패를 겪은 자영업자, 좋지 않은 가정환경에서 자라나 좌절감에 빠진 사람 등. 실패와 좌절이 반복되다 보면 점점 더 무기력해지고, 희망도 사라져간다.
하지만 자포자기하는 것밖에 방법이 없을까? 더 이상 미래가 없는 게 확실할까? 결론부터 말하면, 절대 그렇지 않다. '노력하면 불가능한 게 없다'는 억지 주장을 펼치려는 게 아니다. 실제로 사람은 최악의 상황, 실패하기 쉬운 환경 속에서도 얼마든지 극복해낼 능력이 있기 때문이다.

1954년, 미국의 사회학자들이 흥미로운 연구를 진행했다. 그들은 하와이에서 네 번째로 큰 섬인 카우아이에 사는 주민들의 삶을 조사했다. 그들은 지독한 가난과 질병, 마약 중독, 범죄로 고통을 받고 있었다. 제대로 교육을 받는다는 건 상상도 할 수 없는 곳이었다. 사회학자들은 궁금증을 품었다.

'이곳 주민들은 전부 불행하게 살 수밖에 없을까? 상황을 타개할 방법은 없는가?'

그들은 이 섬에서 1955년 태어난 신생아 833명을 추적 조사했다. 조사를 시작할 때, 사회학자들은 나쁜 환경에서 자라나면 평생 불행하게 살기 쉬우리라 생각했다. 그런데 예상 밖이었다. 연구 대상 사이에서도 가장 열악한 환경에서 자라난 아동 중 3분의 1에 해당하는 72명이 매우 모범적인 삶을 영위하고 있었다.
특히 '마이클'이라고 불린 한 학생은 16살의 일본계 어머니와 19살의 필리핀인 아버지의 자녀이자 미숙아로 태어났다. 또한, 태어나자마자 그의 어머니는 세상을 떠났다. 좋지 못한 환경이 반드시 불행한 인생으로 이어진다면, 마이클은 사회 부적응자가 되어야 마땅했다. 하지만 정반대로 그는 초등학생 때부터 늘 성적이 상위권이었고, 미국 대학입학자격 시험에서도 전미 상위 10% 안에 들어 장학금을 받고 합격했다.
결과를 보고 놀란 사회학자 에미 워너Emmy Werner는 원인을 찾기 시작했고, 결국 성공한 아이들을 공통으로 설명할 수 있는 근거를 찾았다. 바로 역경에 굴하지 않는 **회복탄력성**Resilience을 가지고 있다는 점이었다.

인생의 바닥까지 도달했을 때, 바닥을 치고 다시 올라올 수 있는 능력

회복탄력성은 밑바닥까지 떨어져도 꿋꿋하게 다시 튀어 오를 수 있는 비인지 능력 혹은 마음의 근력을 의미한다. 그리고 회복탄력성은 타고나는 것뿐 아니라, 스스로 계발할 수 있는 능력이다. 미국 하트매스 연구소에서 20여 년간 연구한 결과, 회복탄력성은 단계적 훈련으로 증진 가능하다는 것이 과학적으로 밝혀졌다. 또한 『회복탄력성』의 저자 김주환 교수에 따르면, 회복탄력성은 3개의 요소로 이루어져 있다.

① **자기 조절력** : 자신의 감정과 충동을 통제할 수 있는 능력
② **대인관계력** : 주변 사람과 원만한 대인관계를 맺을 수 있는 능력
③ **긍정성** : 삶을 긍정적으로 바라보는 능력

첫째, 자기 조절력은 욱하는 순간의 감정을 제어하고, 미래의 성과를 위해 현재의 쾌락 추구 충동을 억제할 수 있는 능력이다. 감정 조절, 충동 억제, 원인 분석이 뒷받침되어야 한다. 또한 자신에게 닥친 역경과 난관의 원인을 면밀하게 분석할 수 있어야 한다. 원인을 분석하면 실수를 두 번 이상 반복하는 일이 사라진다.

둘째, 대인관계력은 소통, 공감, 자아 확장력으로 구성된다. 자기 의사를 명확히 피력하고, 타인의 요구를 귀담아들어 원활하게 의사소통할 수 있도록 만들어주는 도구이다. 타인의 입장에서 공감할 수 있는 능력이기도 하다. 또한 타인이 따로 떨어져 있는 별개의 존재가 아니라 나와 똑같은 이성적 존재의 연장이며, 자신이 세상 모든 사람과 연결되어 있다는 사실을 인지하는 능력이다.

셋째, 긍정성은 자아 낙관성과 생활 만족도, 감사하는 마음으로 구성되어 있다. 매사에 부정적인 사람과 달리 긍정성을 가진 사람은 자아에 대해 낙관적인 태도를 가진다. 또한 삶에 만족감을 느끼며, 또한 자신의 삶에 진심으로 감사한다.

무엇보다 주목할 점은 누구나 의식적으로 노력한다면 회복탄력성을 조금씩 높일 수 있다는 것이다. 회복탄력성은 마치 근력과 같다. 평소에 노력함으로써 힘을 단단하게 길러두면, 실패의 나락에 떨어졌더라도 탄성으로 금방 더 높이 튀어 오를 수 있다.

고대 그리스의 대 웅변가 데모스테네스의 웅변은 사람의 혼을 빼앗아버린다고 할 정도로 유명하다. 그의 웅변 능력은 타고난 걸까? 그렇지 않다. 오히려 정반대였다. 가난한 집에서 태어난 그는 제대로 된 교육을 받지 못했고, 신체적인 약점도 가지고 있었다. 심각하게 말을 더듬었으며, 폐활량이 적어 몇 마디만 해도 호흡이 가빴다. 이런 그가 어떻게 대 웅변가가 될 수 있었을까?
그는 정확한 발음을 위해 입에 돌멩이를 물고 밤낮없이 발음 연습을 했고, 폐활량을 높이기 위해 언덕을 뛰어오르는 운동을 했다. 여기서 끝이 아니다. 탁월한 연설문을 쓰기 위해 수많은 서적을 탐독했고, 유명한 책을 수없이 필사했다.
이 과정에서 그는 단련을 포기하고자 하는 유혹 역시 잘 극복해냈다. 그는 외출하고 싶은 충동을 이겨내려고 머리와 수염을 절반씩만 깎아버렸다고 한다. 이런 노력 끝에 데모스테네스는 전설적인 명 웅변가로 다시 태어날 수 있었다.

그에게서 회복탄력성의 세 가지 요소를 모두 찾아볼 수 있다. 유혹을 뿌리치는 자기 조절력, 세상 사람들과 원만하게 교류하며 그들에게 인정받으려고 노력하는 대인관계력, 그리고 치명적인 약점을 가지고 있음에도 자신을 긍정하는 긍정성이다.

실패와 좌절로 인해 인생이 밑바닥에 도달한 것 같다고 느낀다면 이제는 다시 올라갈 일만 남았다. 자기 조절력과 대인관계력, 긍정성을 높이는 연습을 꾸준히 해보자. 노력하는 사이 단단한 회복탄력성이 생기고, 절망적인 상황을 벗어나 훨씬 더 성숙해진 자신을 발견하게 될 것이다.

21

상대를 설득하기 힘든가요?

랭거의 실험

누군가에게 어려운 부탁을 하거나 설득할 일이 있다면 '왜냐하면'을 적극적으로 활용해보면 어떨까?

직장인 D는 얼마 전, 회사를 옮기며 새로운 고민이 생겼다. 사람들을 직접 만나 자사 제품의 장점을 설명할 일이 많아졌기 때문이다. 그 자리에서 직접 물건을 팔아야 할 때도 있다. 하지만 말을 하면서도 자신이 얼마나 설득력 있는지 의문이 생기고, 영업에 실패할 때마다 점점 더 자신이 없어졌다. 어떻게 말해야 할지 걱정돼서 프레젠테이션이 있는 날에는 긴장감에 잠도 못 자고, 밥도 못 먹을 정도이다. 스트레스로 퇴사를 결심한 그는 사내 강연을 들은 후 필자에게 따로 연락해 회사를 그만둘지 말지를 상담 요청해왔다. 필자는 회사를 그만두는 대신 사용해보라며 쉬운 설득 방법 하나를 알려주었다.

"설득도 기술입니다. 몇 가지 방법을 익혀두면 좀 더 쉽게 상대방을 설득할 수 있습니다."

다음의 두 문장을 비교해보자.

A : 이번 여름엔 외국 여행을 가고 싶어요. 견문을 넓히고 스펙을 쌓을 좋은 기회가 될 거예요.

B : 이번 여름엔 외국 여행을 가고 싶어요. **왜냐하면** 견문을

넓히고 스펙을 쌓을 좋은 기회니까요.

두 대학생이 부모님에게 외국 여행을 보내 달라고 설득하고 있다. 과연 두 사람 중 누구의 말이 더 설득력 높을까? 얼핏 보면 두 문장이 똑같아 보이지만, 명백한 차이가 있다. B는 '왜냐하면'이라는 말을 넣어 이유를 대고 있기 때문이다. 이는 **랭거의 실험**Langer's Experiment으로 설명할 수 있다.

다른 사람을 설득할 때 적합한 이유를 대며 설명하는 것이 더 효과적임을 입증한 실험

하버드대 심리학과 교수인 엘렌 랭거Ellen Langer는 상대를 설득할 때 이유를 대는 게 더 효과적임을 실험을 통해 밝혔다. 연구팀은 '왜냐하면'이라는 단어의 설득력을 알아보기로 하고, 도서관에서 복사하기 위해 줄을 선 사람들을 대상으로 실험을 진행했다. 먼저 줄을 선 사람들에게 연기자를 접근시켜서 다음과 같이 말하도록 지시했다.
처음에는 "실례합니다. 제가 다섯 장만 복사하려고 하는데, 먼저 복사해도 될까요?"라고 말했다. 이렇게 부탁하자, 줄 선 사람들의

60%가 허락했다. 다음으로는 "제가 복사기를 먼저 써도 될까요? 왜냐하면 급한 일이 생겨서 그렇습니다"라고 말했다. 처음과 같은 문장에 '왜냐하면'을 붙여 말하자 놀랍게도, 줄 선 사람들의 94%가 부탁을 들어주었다.

그들은 '왜냐하면'의 효과가 구체적으로 어느 정도인지를 알아보기 위해 실험을 좀 더 심화했다. 이번에는 줄 선 사람들에게 '왜냐하면'이라고 말하되, 그다음 근거로 동어반복적인 무의미한 말을 하도록 시켰다. 연기자가 복사기 앞에 줄 선 사람들에게 이렇게 말했다.

"제가 복사기를 먼저 써도 될까요? 왜냐하면 제가 복사를 해야 해서요."

사람들의 반응은 어땠을까? 웬 말장난이냐며 화를 냈을까? 놀랍게도 줄 선 사람들의 93%가 요청에 응했다. 이 신기한 현상을 어떻게 이해할 수 있을까? 『설득의 심리학』의 저자 로버트 치알디니 Robert Cialdini는 그 이유를 이렇게 설명한다.

"복사기 실험은 '왜냐하면'이라는 단어가 가진 독특한 동기 부여

효과를 입증해준다. 이 단어가 설득력을 얻는 까닭은 '왜냐하면'과 그다음에 따라오는 합당한 이유 사이에 우리가 살아오면서 지속적으로 강화된 연상 관계가 존재하기 때문이다."

이렇듯 '왜냐하면'의 효과는 매우 크다. 사람들이 '왜냐하면'이라는 단어 다음에는 항상 합당한 이유가 나오리라고 생각하기 때문이다. 어린아이부터 청소년, 어른 할 것 없이 '왜냐하면' 다음에 합당한 이유가 따라온다는 사실을 경험해왔기 때문이다. 그 결과, '왜냐하면'이라는 말만 들어도 자동적으로 요청을 허락해버리는 것이다.
지금부터는 누군가에게 어려운 부탁을 하거나 설득할 일이 있다면 '왜냐하면'을 적극적으로 활용해보면 어떨까? 가령 하필이면 회사가 가장 바쁜 시기에 연차 휴가를 내야 한다고 하자. 자칫 잘못하면 상사로부터 눈칫밥을 먹을 수 있으며, 근무 평가 점수가 나쁘게 나올 수도 있다. 이때 써먹을 수 있는 게 '왜냐하면'이다.

"부장님, 이번 주 금요일에 연차 휴가를 쓰려고 합니다. **왜냐하면** 집에 큰일이 있습니다."

'왜냐하면'이라는 단어를 듣게 되면, 직장 상사는 당신에게 연차를 꼭 내야만 하는 합당한 이유가 있다고 생각하게 될 확률이 높다. 다른 예를 들어보자. 옆집 사람에게 급하게 다리미를 빌리고 싶은 상황이다. 별로 친하지 않은 사이라면 당신의 부탁이 어렵거나 성가시게 느껴질 수도 있다. 정 급하면 세탁소를 찾으면 될 일이기 때문이다. 이때도 '왜냐하면'을 사용하면 좀 더 효과적이다. 그렇지 않은 대화와 비교해보자.

> A : 안녕하세요, 다리미 좀 빌려주실 수 있나요? 양복이 구겨져서 급하게 다려야 하는데 집 다리미가 고장 나서요.
> B : 안녕하세요, 다리미 좀 빌려주실 수 있나요? **왜냐하면** 양복이 구겨져서 급하게 다려야 하는데 집 다리미가 고장 나서요.

두 대화는 똑같아 보이지만, 설득 면에서는 큰 차이가 난다. '왜냐하면'이라는 단어를 듣는 순간, 이웃 주민은 합당한 이유가 있으니 다리미를 빌려줘야겠다고 생각할 확률이 크기 때문이다.

필자 역시 '왜냐하면'을 적절하게 사용하고 있다. 필자는 전국을 돌며 강의하는 탓에, 귀가해서는 녹초가 되어 남편에게 이런저런

잔심부름을 부탁하게 된다. 특히 일정상 이른 새벽이나 늦은 밤에 남편에게 부탁할 일이 있으면 '왜냐하면'을 꼭 사용한다.

"따뜻한 물 좀 주세요. **왜냐하면** KTX를 몇 시간 동안 타고 바로 집으로 왔기 때문에 물을 가지러 갈 힘도 없네요."
"오늘 은행에 가서 업무 좀 대신 처리해줄 수 있나요? **왜냐하면** 계속 지방 강연이 있어서 낮에 시간을 낼 수가 없어요."

'왜냐하면'의 힘을 믿고 고객을 설득하러 나서보자. 상대는 생각 이상으로 당신을 믿고 따라올 것이다. 물론 모든 상황에 적용할 수 있는 것은 아니지만, 상대가 당신에게 신뢰감을 느끼기 시작한다면 당신도 자신감이 생길 것이고, 세일즈 역시 성공할 확률이 커진다.

22

문제가 생겼을 때 긍정적으로 대처하고 싶어요

학습된 낙관주의

난관을 극복할 기회는 낙관주의자들에게 주어지기 때문이다.

직장인 A는 최근 계속된 무기력증에 시달리고 있다. 물론 그도 처음부터 그랬던 것은 아니다. 회의할 때마다 적극적으로 의견을 냈고, 실제로 중요한 거래를 직접 맡아 진행하기도 했다. 문제는 두세 건의 거래를 연이어 실패했다는 것이었다. 그 후 회사에 의견을 내도 잘 받아들여지지 않았고, 부수적인 일들만 맡아 처리하게 됐다. 이제 회사에 가는 것 자체가 고통스럽고, 주어진 일들만 겨우 하게 되는 상황이다. 그렇다고 회사를 그만두기에는 뚜렷한 계획이 있는 것도 아니다. 동료들은 비슷한 일이 있어도 금세 털고 일어나는데, 혼자 부정적으로 주저앉는 것 같아서 더욱 우울하다. 그냥 이대로 모든 걸 포기하고 싶어지는 마음뿐이다.

"어려운 상황에서도 웃을 수 있는 사람들이 너무 부러워요. 저는 문제가 생기면 전부 다 포기하고 싶어지는데 말입니다."

실제로 실패가 이어지면 어떤 일도 하기 싫어지는 무기력증이 나타난다. 1967년, 미국의 심리학자 마틴 셀리그먼Martin Seligman은 개 24마리를 통해 이를 입증했다. 그는 상자 세 개에 각각 개 한 마리씩을 넣었다. 그리고 A상자는 개가 코로 레버를 움직이면 전기 충격을 멈출 수 있도록, B상자는 레버를 끈으로 묶어버려서 개가 아무리 레버를 건드려도 전기 충격이 멈추지 않게, 마지막으로 C 상자는 아무런 전기 충격도 가해지지 않은 상태에서 레버가 설치되었다. 개들을 24시간 동안 각 상황에 노출한 후, 그는 개들을 꺼내 장애물을 넘으면 전기 충격을 피할 수 있는 상자에 재배치했다. 그러자 A, C상자에 있던 개는 장애물을 뛰어넘으며 전기 충격을 피했지만, B상자에 있던 개는 꼼짝하지 않고 충격을 받았다. 이를 통해 셀리그먼은 다음과 같은 결론을 내렸다.

"B상자에 있던 개는 어떤 시도를 해도 전기 충격을 피할 수 없다는 무력감을 학습한 것입니다. 인간의 무기력 또한 학습에 의해 만들어집니다."

하지만 셀리그먼은 '긍정 심리학'을 창시한 것으로 더 유명하다. 그렇다. 그는 무기력이 학습되는 것처럼, 낙관성 역시 학습된다는 사실을 발견했다. 이것이 바로 학습된 무기력의 반대 개념인 **학습된 낙관주의**Learned Optimism이다.

반복 학습에 의해 낙관적인 태도를 기를 수 있다는 주장

낙관적인 태도는 누구나 의식적으로 반복 연습을 통해 기를 수 있다. 또 이렇게 습득된 낙관주의는 온갖 난관과 위기 상황을 잘 극복할 수 있게 만든다. 그렇다면 과연 자신이 어느 정도 낙관주의적인 태도를 가졌는지 궁금할 것이다. 고영건, 김진영 작가가 쓴 『행복의 품격』에는 이를 체크할 수 있는 테스트가 나온다. 당신의 마음은 현재 낙관주의에 가까운가, 혹은 무기력함에 가까운가?

① 친구의 제안으로 멋진 곳에서 휴가를 보냈다. 친구가 나와 그곳에 간 이유는 무엇일까?

1) 친구는 평소 멋진 곳을 찾아다니길 좋아한다.

2) 친구는 며칠간 휴식이 필요했다.

② 내가 팀장으로 있는 기획 2팀이 경연에서 우승했다. 결정적인 이유는 무엇일까?

1) 팀장인 내가 최고의 직원이기 때문이다.

2) 우리 팀이 모두 최선을 다했기 때문이다.

물음 ①의 경우, 두 번째보다 첫 번째 대답이 더 낙관적이다. 어떤 필요에 의해 자신과 함께 여행을 떠났다기보다는 친구가 자신과 취미를 함께 즐겼다고 생각하는 쪽이 더 낙관적이기 때문이다. 물음 ②의 경우에도 첫 번째 대답이 더 낙관적이다. 자신에 대한 자부심이 커야만 할 수 있는 대답이기 때문이다. 이는 교만이 아닌, 리더로서의 책임 의식을 동반한 자신감이다.

그러면 과연 낙관주의는 어떻게 학습될까? 셀리그먼에 따르면, 평소의 언어 습관이 사람의 마음가짐을 만드는 데 절대적이라고 한다. 다양한 상황을 직면했을 때 무의식적으로 내뱉는 말은 아동기와 청소년에 대부분 굳어진다고 한다. 이 언어 습관은 실패에 어떻게 반응하는지에도 영향을 끼친다.

"학습된 무기력이 금세 사라지는 사람과 2주 이상 동안 지속되는 사람 사이의 차이는 대개 간단하다. 증상이 오래 지속되는 사람들은 비관적 언어 습관을 지니고 있다. 비관적 언어 습관 때문에 단기적이고 국부적인 것이 장기적이고 포괄적인 것으로 바뀌는 것이다. 비관주의자가 실패할 경우 학습된 무기력은 완전한 모습의 우울증으로 발전한다. 반면에 낙관주의자는 실패해도 잠깐의 사기 저하를 겪을 뿐이다."

당신이 취직 면접에서 계속 낙방하고 있다면 어떤 언어 습관을 가지면 좋을까? 한두 번도 아니고 수십 번 떨어지다 보면 심신이 지쳐서 자신도 모르게 “난 아무리 해도 안 되나 봐” 같은 푸념을 하고 있을지도 모른다. 하지만 자조적인 언어 습관은 학습된 무기력으로 직행한다. 이를 피하고, 학습된 낙관주의를 가지려면 일부러라도 긍정적으로 자신을 다독이는 게 좋다.

“이번 면접에서는 무슨 일이 있어도 인정받고 말 거야!”

직장인도 마찬가지다. 인사 고과에서 매번 낮은 점수를 받는다면 “앞으로도 열심히 해봤자 똑같을 거야”처럼 한탄하는 소리가 나온다. 하지만 학습된 낙관주의를 키우려면 긍정적인 말을 힘 있게 반복해야 한다.

“기본기를 더 다질 기회로 삼자!”

실패와 좌절을 겪고 있는 사람일수록 긍정적인 언어 습관이 절실하다. 무기력에서 벗어나 학습된 낙관주의를 갖는다면, 언젠가 장밋빛 미래가 펼쳐질 것이 분명하다. 난관을 극복할 기회는 낙관주의자들에게 주어지기 때문이다.

23

'할 수 있다!'라고 믿고 행동하면 성공할 수 있겠죠?

스톡데일 패러독스

냉정하게 현실을 직시하면서도 희망을 잃지 않는 자세가 절실하다.

"강사님은 긍정적 마인드를 가져서 성공하신 건가요?"

강의를 나가면 필자에게 흔히 물어오는 질문이다. 물론 여기에 '그렇다'라고 대답한다. 성급한 사람은 '그럼 나도 긍정적인 마인드를 가지면 되겠군' 하고 결론 내린다. 하지만 필자는 언제나 단서를 하나 더 붙인다.

"긍정적인 마인드를 가진 것은 맞습니다. 하지만 마냥 긍정적인 것은 아닙니다. 저는 언제나 현재의 처지와 현실을 분명히 직시했습니다. 처음 강사가 됐을 당시, 강사로서 눈에 띄기 힘든 경력과 강의 실력 등을 냉정하게 바라보고, 부족한 부분을 인정했지요. 하지만 여기에서 그치지 않고, 저는 명강사가 될 것이라는 꿈을 품은 채 미래를 긍정적으로 바라보았습니다. 저는 합리적인 긍정 마인드를 가졌다고 말합니다."

긍정에도 종류가 있다니, 언뜻 이해하기 힘들 것이다. 하지만 긍정은 현실에 바탕을 두지 않는 맹목적·낭만적인 긍정과 현실에 바탕을 둔 합리적 긍정으로 나뉜다. 두 가지 사고는 확실히 다르며, 결과에도 큰 차이를 보인다.

가령, 봄에 독감이 돈다고 하자. 이때 맹목적 긍정주의자는 속 편한 반응을 보인다.

"독감이 별 대수야? 나는 매일 운동하고, 보약을 먹고, 스트레스도 안 받는 편인데 설마 독감에 걸리겠어? 절대 그럴 리 없지. 강한 정신력이 있으니 독감을 물리칠 수 있어."

반면 합리적 긍정주의자는 현실적인 반응을 보인다.

"독감을 조심해야겠어. 우선 사람 많은 곳은 가급적 가지 말고, 외출 후에 얼굴과 손을 꼼꼼히 씻고, 운동도 무리하게 하지 말아야지. 독감은 건강한 사람도 걸릴 수 있지만, 꼼꼼하게 대비하면 괜찮을 것 같아!"

두 사람에게 어떤 일이 벌어질까? 당연히 전자가 독감에 걸릴 확률이 더 크다. 이처럼 맹목적 긍정주의와 현실에 근거를 둔 긍정주의는 확실한 차이를 보인다. 전자는 비합리적이고, 후자는 합리적이다.
현실에서 위기와 고난, 역경을 겪고 있는 사람에게는 현실에 근거를 두되, 미래에 확신을 갖는 합리적 긍정 마인드가 필요하다. 낭만적인 '망상'에 가까운 긍정 마인드는 공허하기 때문에 실제 현실과 이상이 다를 경우, 오히려 크나큰 실망을 안겨주기 쉽다. 이는 **스톡데일 패러독스**Stockdale Paradox라는 용어로 설명할 수 있다.

비관적인 현실을 직시하고 인정하면서도, 이를 극복해 미래에 좋은 결과를 얻을 수 있다고 믿는 합리적 낙관주의

이는 경영 사상가 짐 콜린스James C. Collins의 『좋은 기업을 넘어… 위대한 기업으로』에 언급된 용어다. 책에는 짐 콜린스와 제임스 스톡데일 미군 장교의 대화가 소개된다. 스톡데일 장교는 베트남 전쟁이 일어난 1965~1973년 사이, 동료들과 함께 베트남군의 포로로 잡혀 있었다. 그리고 수많은 동료가 감옥에서 죽어갔음에도, 그는 끝내 살아남아 고국으로 돌아올 수 있었다. 콜린스는 장교에게 그 비결을 물었고, 대답은 의외였다.

"살아남지 못한 군인들은 누구였습니까?"
"바로 낙관주의자들이었습니다."

콜린스는 이해할 수 없었다. 당신 역시 '절망적인 상황이야말로 낙관주의가 가장 큰 힘을 발휘할 때 아닌가?' 하는 의문을 품을 것이다. 하지만 낙관주의자들이 살아남지 못한 데는 이유가 있었다. 낙관주의를 품은 군인들은 크리스마스 때까지는 석방될 것이라는 막연한 희망을 품었다. 하지만 가혹한 현실은 기대를 배반했고, 그들은 크리스마스가 지나도록 풀려나지 못했다. 희망을 품고, 무참히 깨지는 일이 반복되자 군인들의 상심은 깊어졌고, 점차 생존 의욕을 잃어갔다. 미래를 낙관하고 기대했던 만큼 그들이 느끼는 절망감도 클 수밖에 없었다. 결국 희망의 불씨를 잃은 그들은 목숨까지 잃고 말았다. 이와 달리 살아남은 스톡데일 장교는 자신의 비결을 이렇게 말했다.

"저는 크리스마스 때에 석방되지 않을 상황에 대비했습니다. 낙관주의에 빠져 현실을 외면하는 것과 낙관주의를 견지하면서도 현실을 직시하는 건 아주 다른 문제죠."

대기업 입사 시험에서 100번도 넘게 탈락한 취업 준비생이 있다고 하자. 그에게는 더 이상 현실성 없는 낭만주의적 긍정 마인드가 필요하지 않다. 이는 오히려 현실의 문제점을 왜곡하고 합리화시키는 부작용을 일으킨다.

A : 나는 기필코 대기업에 입사하고 말 것이다! 지금까지의 실패는 성공을 위한 밑거름이 될 것이 분명해.
B : 어쩌면 대기업에 입사하는 게 불가능할지 몰라. 그렇다면 건실한 중소기업에 취직하는 것도 고려해야겠어. 앞으로는 대기업은 물론 괜찮은 중소기업도 찾고 지원해야지.

현재 상황에서 A와 같은 낙관적인 긍정은 감정과 에너지를 소모할 뿐이다. 대신 그에게는 B와 같이 현실을 제대로 인식하고, 상황을 바꿀 수 있는 방법을 찾는 합리적인 긍정주의가 필요하다.
이번엔 레스토랑 창업에 연이어 실패한 셰프의 예를 들어 생각해보자.

A : 칠전팔기라는 말이 있지. 아직 기회가 있어. 강한 정신력으로 다시 창업하면 언젠가 성공할 수 있을 거야.
B : 경기가 안 좋다 보니 비싼 메뉴를 찾는 손님이 줄어든 게 분명해. 그렇다면 이번을 마지막으로 레스토랑 창업을 시도해보고, 또 실패한다면 다른 길을 모색하는 게 좋겠어. 다른 레

스토랑에 들어가 일하거나 업종을 바꾸는 걸 고려해봐야지.

A처럼 막연하게 '언젠가'의 성공을 꿈꾸고 있어서는 앞으로 나아갈 수 없다. 몇 번이나 도전해봤지만 계속 실패하는 상황이라면 능력이 부족하거나 자신이 미처 알지 못하는 상황적 요인이 있을 수 있다. 그렇다면 일단 한 발자국 뒤로 물러서서 당장 실현 가능한 방법을 모색해야 한다. 그것이 자신의 꿈을 이룰 수 있는 가장 빠른 방법이기도 하다.

취업 준비생, 직장인, 자영업자, 기업인, 주부, 학생 등 거의 모든 계층의 사람이 희망을 잃어버린 채 힘들어하고 있다. 조금이라도 더 희망적인 길을 걸어가기 위해 지금 필요한 것은 미신에 가까운 맹목적 긍정 마인드가 아니다. 냉정하게 현실을 직시하면서도 희망을 잃지 않는 자세가 절실하다. 합리적으로 사고하며 미래를 준비하다 보면 끝끝내 살아남아 분명히 희망을 낚아챌 수 있다.

24

징크스 때문에 힘든가요?

아포페니아

우승이냐 패배냐, 합격이냐 탈락이냐 하는 스트레스가 심한 나머지 우연한 현상에 의미를 부여하게 되는 것이다.

대학생 J는 학교 성적은 좋았지만, 취직 시험에서는 제대로 실력을 발휘하지 못하는 일이 많았다. 수능 시험 때도 제 실력을 발휘하지 못해 평소 실력보다 낮은 점수에 만족해야 했다. 작은 시험에는 스트레스가 적어서 괜찮았지만, 큰 시험을 볼 때는 떨리고 긴장돼 어이없는 실수를 하곤 했다.
그가 가진 징크스는 첫 문제가 잘 안 풀리면 나머지 문제도 풀리지 않는 것이었다. 시험 후 정답을 확인하면, 쉽게 풀 수 있는 문제인데도 엉뚱하게 틀렸다는 것을 알 수 있었다.

"첫 문제만 잘 맞히면 실력을 발휘하겠는데요. 그렇지 않으면 완전히 망하고 말아요."

축구 선수 S는 뛰어난 실력을 보유한 프로 스트라이커다. 그는 골대 앞에서 공을 잡았다 하면 거의 다 골인으로 연결해냈다. 그런 그에게도 징크스가 있었는데, 페널티 킥 성공률이 극히 저조하다는 것이었다. 어느 날, 그는 상대 팀의 유니폼이 노란색인 날에는 페널티 킥에 거의 실패했다는 걸 알게 됐다. 한 번 의식하기 시작하자 점점 더 집중할 수 없어졌고, 실력이 아주 낮은 팀이라도 유니폼이 노란색이라면 실축하고 말았다.

“이제는 노란색 유니폼만 보면 불안해집니다. 전부 미신이라고 생각해도 실제로 그런 결과가 나오니 찝찝한 마음이 점점 커져요.”

이처럼 징크스에 사로잡힌 분이 많다. 징크스는 ‘재수 없는 일, 불길한 징조의 사람이나 물건’ 혹은 ‘으레 그렇게 될 수밖에 없는 악운으로 여겨지는 것’을 말한다. 유명 스포츠 스타들도 징크스를 가지고 있는 경우가 많다.

그날그날의 실력 발휘에 큰 영향을 미치는 게 징크스다. 하지만 사실 징크스는 아무런 과학적인 근거가 없다. 이는 **아포페니아** Apophenia라는 용어로 설명할 수 있다.

서로 무관한 현상들 사이에 의미, 규칙, 연관성을 찾아내어 믿는 심리적 현상

이는 1958년 독일 정신병리학자인 클라우스 콘라트Klaus Conrad가 ‘정신분열 환자가 망상적 사고를 할 때 나타나는 특성’을 규정하며 쓴 용어이다. 쉽게 말해, 아포페니아는 ‘의미를 찾는 증후군’으로, 대수롭지 않은 일상적인 현상에서 특별한 의미를 도출하려는 경향이다.

가령 한 사람이 바닥에 등을 대고 누워 있다가 천장 벽지의 기하학적인 무늬를 의식했다고 하자. 그러면 그의 눈에는 어떤 의미 있는 패턴이 보이기 시작한다. 사람의 얼굴이나 동물, 자신이 중요하게 여기는 물건의 모양을 찾는 것이다.
더 나아가 극단적인 예도 있다. 구름이나 바위에서 특정 신의 형상을 보았다고 주장하며 믿는 경우이다. 특히 사람의 얼굴과 관련된 예가 많다. 그중 하나는 화성 탐사선 바이킹 1호가 촬영한 화성의 언덕 사진을 사람의 얼굴과 몹시 흡사하다는 이유로 '화성의 얼굴'이라고 이름 붙이고, 외계인과 관련된 억측을 내놓은 것이다. 하지만 2011년, 탐사선 마스 글로벌 서베이어가 찍은 고화질 사진으로 화성의 얼굴이 착시일 뿐이라는 진실이 규명됐다.

심리학자 벌허스 프레더릭 스키너Burrhus Frederic Skinner는 비둘기 행동을 연구해 아포페니아에 대해 설명하는 실험을 했다. 그는 비둘기를 좁은 상자에 넣고, 15초에 한 번씩 먹이가 나오도록 조작했다. 상자에는 지렛대를 두어서, 먹이가 나오기 전 최소 한 번은 밟도록 만들었다. 그러자 특이한 현상이 발생했다. 한 비둘기는 왼쪽으로 세 바퀴 돌고 지렛대를 눌렀고, 다른 비둘기는 먹이가 나올 때까지 계속 제자리에서 뛰어올랐다.

사실 비둘기가 왼쪽으로 세 바퀴 돌거나 제자리에서 뛰는 것은 먹이가 나오는 것과 아무런 상관이 없었다. 기계적으로 15초에 한 번씩 먹이가 나오도록 조작되었기 때문이다. 하지만 비둘기는 자신의 행동이 먹이를 얻는 데 영향을 미쳤다고 생각했고, 같은 행동을 반복한 것이다. 우연히 세 바퀴를 돌고 지렛대를 눌러서 먹이를 얻은 비둘기는 다음에 똑같이 세 바퀴를 돌았고, 마찬가지로 우연히 제자리를 뛰다가 먹이를 얻은 비둘기는 계속 제자리에서 뛰기 시작했다.

사람 또한 우연히 한 행동이 좋은 혹은 나쁜 결과를 얻었을 경우, 그것이 결과에 아무런 영향을 미치지 않음에도 불구하고, 같은 보상을 기대하며 똑같은 행동을 한다. 우연히 한 행동이 좋은 결과를 초래했다면, 그 행동을 하면 좋은 결과가 나온다고 믿게 된다. 마찬가지로 우연히 한 행동이 나쁜 결과를 초래했다면, 그 행동을 하면 나쁜 결과가 나온다고 믿게 되어 다음에는 다시 같은 행동을 하지 않으려는 것이다. 이처럼 자신의 행동과 결과를 연결 짓는 것이 징크스이다.

사람은 기본적으로 자연적인 현상에서 질서와 규칙과 의미를 찾아내려는 경향을 가지고 있다. 이는 큰 경기를 앞둔 운동선수, 중요한 시험을 앞둔 수험생 등 중대한 일을 앞둔 사람의 경우 더 심해진다. 우승이냐 패배냐, 합격이냐 탈락이냐 하는 스트레스가 심한 나머지 우연한 현상에 의미를 부여하게 되는 것이다. 문제는 자신의 실력이 아닌 징크스에 모든 결과를 끼워 맞추게 되고, 그만큼 스트레스가 더 커진다는 사실이다.

이를 극복하려면 어떻게 하면 될까? 먼저, 징크스가 아포페니아에 의해 생긴다는 메커니즘을 잘 이해하자. 징크스는 아포페니아로 인한 부정적인 현상이다. 징크스를 믿는 사람이 많지만, 이는 명백히 불안한 심리 때문에 붙잡게 되는 미신에 불과하다.

다음으로 징크스는 반드시 깨진다는 것을 명심하자. 아무런 근거가 없는 징크스는 언젠가 깨지는 게 당연하다. 불확실한 미신에 대한 믿음을 버리고 자기 자신에 대한 확신을 가져야 한다. 꼭 극복하고 싶은 징크스가 있다면 스스로 작은 실험을 해보면 된다. 상대적으로 중요하지 않은 상황에서 일부러 징크스를 어겨보는 것이다. 징크스를 깨기 위한 4단계 극복 방법을 차례대로 도전해보자.

① 상황과 관계된 외부 돌발 변수를 찾아 실행한다.

② 변화가 없다면 다른 변수를 하나 더 찾아 다시 실행한다.

③ 변화를 유발할 수 있는 변수를 찾을 때까지 실행을 반복한다.

④ 변화를 통한 극복을 이뤄낸다.

즉, 징크스로 인한 불안을 극복할 방법을 루틴화하는 것이다. 한 번 두 번 징크스가 깨지는 경험을 하면 징크스보다 자신의 평소 실력이나 준비가 우선이라는 사실을 알게 되고, 아주 중요한 상황에서도 징크스 때문에 성적이 좌지우지되는 것을 막을 수 있다.

25

협력이 잘 되지 않아 고민인가요?

로버스 공원 실험

세상에 적은 너무나 많다. 시선을 바깥으로 돌려 공통의 목표를 찾으면 당신과 당신의 동료는 훨씬 더 원활하게 싸워나갈 수 있을 것이다.

실력자들이 모였지만 제대로 실력을 발휘하지 못하는 일이 있다. 예를 들어, 유럽 프리미어리그에서 활약하는 세계 최고의 프로 축구 선수들이 한 국가의 대표단으로 모였다고 하자. 모두가 난다 긴다하는 실력을 갖추고 있기에 자기중심으로 축구가 진행되길 바란다. 이때 특히 문제가 되는 건 한 골이라도 더 넣어서 이름값을 하고 싶어 하는 선수가 많을 경우이다. 스트라이커 자리는 한정적이지만, 그 역할을 맡고 싶은 선수는 한둘이 아니다. 이렇게 되면, 모두의 신경이 예민해진다.

"저 친구는 항상 자기 팀 동료에게만 패스한단 말이야. 내게도 패스를 해줘야 골을 넣을 거 아냐."
"저 친구는 항상 자기 혼자 드리블해서 골을 넣으려고 하네. 너무 이기적이야."

그 결과, 탁월한 기량을 가진 선수들로 구성된 팀이라도 나쁜 성적을 내는 일이 생기곤 한다.

이런 일은 우리 주변에서도 자주 생긴다. 필자가 대학생 모의 프레젠테이션 경연 대회를 지도할 때였다. 팀을 짜다 보면, 우수한 실력을 가진 대학생 여럿이 한 팀이 되기도 한다. 외견상으로는 개개인의 실력이 가장 막강한 이 팀이 당연히 유력한 우승 후보로 점쳐지게 된다.
그런데 실제 결과는 그렇지 않다. 실력이 뛰어난 구성원이 많은 팀의 경우, 구성원 간에 마찰이나 불협화음이 생기는 경우가 종종 발생한다. 서로 자신이 발표자로 나서고 싶어서, 아무도 양보하지 않는 경우도 있다. 그 결과 실력을 제대로 발휘하지 못하고, 프레젠테이션이 끝나면 이런 변명을 하곤 한다.

"저 친구가 양보를 해줬더라면 우리 팀이 우승했을 거야."
"나 중심으로 잘 단합이 되었다면 좋았을걸."

이처럼 한 팀 내부에서 갈등과 균열이 생기면, 그 팀은 제대로 돌아가지 못한다. 팀의 최고 성과를 내기 위해서는 무엇보다 구성원의 단합이 중요하다. 그렇다면 단합은 어떻게 만들까?
이를 위해서는 '공동의 목표'를 내세우는 게 좋다. 서로 아옹다옹하더라도 그들을 공동으로 위협하는 적이 나타나면 서로 협력하게 되기 때문이다. 이는 **로버스 동굴 공원 실험**Robbers Cave Experiment으로 설명할 수 있다.

미국 심리학자인 무자퍼 세리프Muzafer Sherif는 청소년 여름 캠프에서 구성원을 두 반으로 나눠 각각 '호랑이 반', '사자 반'이라고 이름을 붙여준 후, 서로 적대감을 느끼도록 유도했다. 그러자 두 반은 심하게 다투기 시작했다.
이때 무자퍼 세리프는 다음 단계를 실험했다. 이번에는 아이들이 서로 좋아하게 만드는 일이었다. 그는 우선 아이들을 교회 예배에 참석해 서로 협동하고, 사랑하겠다고 기도하게 했다. 이는 거의 효과가 없었다.

다음으로는 '공동의 목표'를 주었다. 음식을 사러 간 여름 캠프의 트럭을 일부러 구덩이에 빠뜨린 것이다. 그러자 두 반은 일말의 망설임도 없이 협력해 트럭을 끌어냈다. 마치 무인도에 표류하게 된 사람들이 생존이라는 목표를 위해서 갈등하는 상대와 협조하는 상황과 같았다. 이렇듯 적대 관계나 갈등 관계인 상대와 협력을 이끌어내는 데는 '공동의 적 내세우기' 방법이 효과적이다.
시간이 흘러 다시 조사한 결과, 아이들은 상대 반 아이들을 좋아하게 되었다고 응답했다. 심지어 자기가 제일 좋아하는 친구가 상대 반에 있다고 말하는 비율 역시 4배나 늘어났다.

이는 직장, 가정, 연인 관계 등 다양한 인간관계에서 활용 가치가 높다. 직장 동료, 부부 사이, 연인 사이는 어느 관계보다 친밀하고, 우애가 두터워야 한다. 하지만 경쟁, 시기, 질투, 갈등 등 부정적인 감정이 생기는 건 어쩔 수 없다. 이때 공동의 목표를 제시하면, 일시적이라도 서로 협력하는 사이가 된다.

회사의 한 부서에서 역량이 뛰어난 직원 두 사람이 심한 경쟁을 하는 탓에 업무 진행에 차질이 생긴다고 하자. 당신이 상사라면 공동의 과제를 줌으로써 두 사람을 우호적으로 만들 수 있다.

"회사 홈페이지가 바이러스에 감염되었네. 이로 인해 매출이 떨어지고 있어. 그러니 자네들 두 명이 책임지고 바이러스를 제거해주게나. 올해 회사 매출이 자네 두 명에게 달렸네."

적이었던 두 사람은 공통의 목표를 해결해나가는 과정에서 서로에 대한 호감과 신뢰를 쌓고, 협조할 가능성이 커진다.
부부 사이에서도 마찬가지다. 남편이 실직해 집에 머무는 시간이 길어지고, 다투는 일이 많아졌다고 하자. 남편이 아내에게 이렇게 말하며 진심으로 다가오면, 누가 남편의 손을 잡지 않겠는가?

“여보, 아직도 대출금이 많이 남았잖아. 내가 얼른 일어서야 대출금을 갚을 수 있는 거 아니겠어? 힘들더라도 조금만 참자.”

위 사례는 각각 ‘바이러스’, ‘대출금’이라는 공통의 적을 만들어 두 사람을 협력시킨 것이다. 세상에 적은 너무나 많다. 시선을 바깥으로 돌려 공통의 목표를 찾으면 당신과 당신의 동료는 훨씬 더 원활하게 싸워나갈 수 있을 것이다.

6장

매력을 올리는 심리학

26

섹시해지고 싶어요

사피오섹슈얼리티

스스로 원하지도 않는데 외모를 가꾸기 위해 너무 많은 시간을 보내거나, 본인에게 맞지 않는 외적인 매력을 강박적으로 추구할 필요는 없다.

IT기업의 연구원 E는 30대 후반으로 결혼하고 싶은 마음이 있지만, 아직 짝을 만나지 못했다. 한번 연인을 사귀면 오래가는 편이었지만, 마음에 드는 상대에게 고백해 성공하는 일은 드물었다. 상대방에게 이성으로서의 매력을 어필하는 데 실패했기 때문이다. 그는 마른 체형에 키가 작은 편이었다. 또한, 시간이 없어 최소한의 운동만 하는 편이라 몸이 좋은 편도 아니었다. 관심사가 좁고 말주변도 없어서, 누구를 만나든 자신의 취미와 관련된 이야기를 주로 하곤 했다. 그를 몇 번 만나본 사람들은 E를 이렇게 평가하곤 했다.

"착하고 성실한 사람인데 이성으로서는 끌리지 않아서 사귀지는 못하겠어."
"성적으로 긴장되는 분위기가 전혀 없어서 심심해."

이렇듯 성적 매력은 연인을 만드는 데 중요한 요소이기 때문에, 외모 때문에 고민하다가 피트니스 센터에서 복근이나 애플 힙을 만드는 데 열중하는 이들이 많다. 또한 성형외과의 도움을 받아 얼굴과 신체 일부를 고치기도 한다. 이렇게 하면 자신감이 생기고, 상대에게 매력적으로 보일 수 있다고 생각하기 때문이다. 실제로 잘 다듬어진 몸매와 호감을 주는 얼굴은 사람들에게 강한 성적 매력으로 작용한다.
그런데 성적 매력은 외모에서만 결정되는 것일까? 사실은 그렇지 않다. 사람들이 타인으로부터 성적 매력을 느끼는 또 다른 요소가 있다. 바로, 지성이다. 이는 **사피오섹슈얼리티**Sapiosexuality라는 신조어로 설명할 수 있다.

상대의 지적인 모습에서 성적인 매력이나 성적 흥분을 느끼는 현상

서호주대 교수인 질레스 지냑Gilles E. Gignac을 필두로 한 연구팀은 18~35세의 성인 남녀 383명을 대상으로 연인에게서 어떤 특성을 중시하고, 어떤 점에서 매력을 느끼는지 점수로 매겨 조사했다. 이때 피험자들에게 제시된 대표적인 설문 항목은 다음과 같다.

- 지적으로 말하는 사람의 말을 들으면 성적으로 흥분한다.
- 상대와 지적 자극을 주는 대화를 나누면 성적으로 흥분한다.

그 결과, 대다수 피험자는 연인 관계인 상대가 지적인 사람이길 바랐다. 특히 18세에서 35세의 일부(1~8%)가 지성에 의해 성적 흥분

을 느끼는 사피오섹슈얼(상대의 센스, 지성 등에 성적인 매력을 느끼는 사람)이라고 본인을 표현했다. 또한, 지성은 '친절함과 이해심'에 이어 두 번째로 중시되는 연인의 특성으로 나타났다. 연구팀은 다음과 같은 결론을 내렸다.

"연인에게 원하는 특성과 연인의 IQ(지능지수) 사이의 관련성은 곡선적(비직선적)인 것으로 나타났다. 사람들은 상위 10%인 IQ 120에 가장 큰 호감을 나타냈으며, IQ 120~135 구간에서는 약간 떨어졌지만 여전히 높은 수준을 유지했다."

인디애나대 교수인 데비 허베닉Debby Herbenick은 또한 이렇게 말했다.

"대부분의 사람이 자신의 파트너와 지적인 교류를 합니다. 그중 사피오섹슈얼은 상대방에게 지적 요인을 가장 중시한다는 차이가 있죠."

따라서 이성에게 외모로 성적 매력을 끌지 못해 고민이라면, 새로운 대안을 찾아보자. 스스로 원하지도 않는데 외모를 가꾸기 위해 너무 많은 시간을 보내거나, 본인에게 맞지 않는 외적인 매력을 강박적으로 추구할 필요는 없다. 대신 좋아하는 상대가 있다면 대화가 잘 통하는, 지적이고 즐거운 시간으로 이끌어보자.
외적인 매력을 끌어올리기 위해 피트니스 센터를 부지런히 다니는 사람들처럼, 두뇌의 근력을 키우기 위해서도 시간은 투자해야 한다. 독서는 기본이다. 물론 처음부터 지나치게 어려운 책을 읽을 필요는 없다. 우선 자기 자신에게 잘 와닿는 내용이면 된다. 특히 환경, 공부, 심리 등 자신이 살아가면서 중요하게 생각하는 문제와 관련된 책부터 읽어나가자. 책 내용을 정리해 자신의 의견과 비교하면 논리적으로 생각하는 습관을 기를 수 있다. 이와 함께 지적 욕구를 자극하는 강연회에도 자주 가는 게 좋다.

앞서 예로 든 연구원 E의 경우라면, 소개팅 자리에서 모두의 관심사인 스마트폰 이야기를 꺼내 보는 것이다. 평소 스마트폰에 대한 전문적이면서도 흥미로운 지식을 평소 잘 정리해놓았다가, 상대가 재미를 느낄 정도로만 술술 풀어내면 된다. 지나치게 어려운 전공 이야기는 상대에게 거부감을 느끼게 만들기 때문에 수위를 잘 조절해야 한다.

"이번에 새로 나온 스마트폰이군요. 저도 이 모델을 좋아하는데요! 언제 바꾸셨어요? 괜찮으시면 스마트폰에 내장된 특별 기능을 하나 보여드려도 될까요? 애플 사에서 새로 개발한 A 기능이에요. 엄청 간단하고 유용한데 아시는 분들이 별로 없더라고요."

물론 지나치게 아는 척하거나 상대방이 관심도 없는데 자신의 지식을 주입하는 행위는 금물이다. 목표는 지식을 자랑하는 것이 아니라 '지적이고 즐거운 대화를 나누는 것'이기 때문이다.
연애 상대로서의 매력으로 섹시함을 빼놓을 수 없다. 하지만 섹시하다는 감각은 외적인 면에서만 나오는 게 아니다. 오히려 상당수는 상대의 지적인 면에서 성적 매력을 느낀다. 자신만의 매력을 키우는 게 중요하다.

27

의도적으로 호감을 줄 수 있나요?

유사성 효과

고향, 출신 학교, 나이, 종교, 좋아하는 음식 등 여러 면에서 자신과 유사한 사람에게 쉽게 호감을 느낄 확률이 크다.

"미팅 자리에서 같은 색 옷을 입은 남자에게 호감을 느꼈어요."
"취미가 같은 사람이 이상하게 끌리네요."
"저랑 외모가 비슷한 사람을 좋아하는 편입니다."

누군가와 처음 만난 자리에서 비슷한 옷을 입고 나왔다든가 취미, 이름, 외모 등이 비슷할 때 친밀감이 드는 것은 우연이 아니다. 사람은 고향, 출신 학교, 나이, 종교, 좋아하는 음식 등 여러 면에서 자신과 유사한 사람에게 쉽게 호감을 느낄 확률이 크다. 이는 **유사성 효과**Similarity Effect로 설명할 수 있다.

상대방과의 유사성이 높아지면 그에 비례해 호감도도 높아지는 현상

유사성 효과는 여러 실험을 통해 입증되었다. 사회심리학자 데이비드 와일더David Wilder는 피험자들에게 각각 다른 이름이 적힌 2개의 배지 중 하나를 착용하고, 같은 이름이 쓰인 방에 들어가게 했다. 이들은 칸막이로 나뉜 책상에 앉았고, 옆에 누가 있는지 알 수 없는 상황이었다.
이후 피험자 절반에게는 같은 방 사람의 의견서를, 절반에게는 다

른 방 사람의 의견서를 줬다. 의견서에는 문제를 일으킨 직원의 이름과 함께 그에 대한 유무죄를 판단해 처벌을 결정해달라는 내용이 적혀 있었다.
그 결과, 피험자들은 같은 방 사람의 의견에는 동의하는 경향을, 다른 방 사람의 의견에는 동의하지 않는 경향을 보였다. 같은 방 사람이 가벼운 처벌을 내리라는 의견을 냈을 경우에는 동의했지만, 다른 방 사람이 가벼운 처벌을 내리라는 의견을 냈을 경우에는 따르지 않고, 오히려 더 심한 처벌을 내리라고 요구한 것이다.
이뿐 아니다. 피험자들은 같은 방 사람의 의견은 심도 있게 고려하고 많은 부분을 기억했지만, 다른 방 사람의 의견은 그렇게 하지 않았다. 이를 통해 같은 배지를 달고 같은 방에 들어갔다는 유사성만으로도 호감이 형성되었고, 판단에 영향을 미쳤다는 걸 알 수 있다.

2002년, 영국 글래스고대에서 진행한 유사성 실험에서는 외모 유사성이 타인의 신뢰도에 어떤 영향이 미치는지를 조사했다. 피험자를 가상의 인물과 짝을 이루어 게임을 하게 한 후, 딴 돈을 어떻게 나누는지 살펴보는 실험이었다. 이때 한 팀은 피험자와 가상의 인물이 외모 면에서 비슷하게, 다른 팀은 피험자와 가상의 인물이 닮지 않도록 설정했다.

실험 결과, 가상의 인물과 닮은 팀의 피험자 중 3분의 2가 자신의 파트너에게 돈 배분을 맡겼다. 이에 반해 가상의 인물과 닮지 않은 팀의 피험자는 2분의 1만이 자신의 파트너에게 돈 배분을 맡겼다. 이를 통해, 자신과 닮은 파트너에게 더 높은 신뢰도를 느꼈음을 알 수 있다.

2005년, 미국 샘휴스턴주립대의 랜디 가너Randy Garner 교수 또한 유사성 실험을 했다. 그는 이름 유사성이 어떤 효과를 유발하는지를 조사하기 위해 무작위로 고른 피험자에게 우편으로 설문지를 보낸 후, 설문에 응답해 자신에게 반송해달라고 했다. 이때 한 그룹에는 발신자의 이름을 우편을 받는 사람과 유사하게 적었고, 다른 그룹에는 우편을 받는 사람의 이름과 전혀 유사하지 않게 적었다. 그 결과는 매우 크게 달랐다. 발신자와 이름이 유사한 사람들이 그렇지 않은 사람에 비해 두 배 이상 많이 설문지를 반송했다. 이에 대해 랜디 가너는 말했다.

"이름처럼 사소한 유사성이 있는 경우에도 상대에 대한 호감도가 커집니다. 더욱이 '이름이 비슷했기 때문에' 설문지를 반송했다고 스스로 자각한 사람은 한 명도 없었습니다. 단지 비슷하다는 사실이 무의식적으로 사람을 잡아끄는 것입니다."

이는 취업 면접을 볼 때, 상품을 영업할 때, 미팅에 나설 때 등 대부분의 대인관계에서 매우 효과적으로 활용할 수 있다. 취업 준비생이 모 기업체의 면접을 본다고 하자. 그렇다면 면접 전 미리 방문해 기업체 직원들의 복장을 살펴보는 것이다. 기업의 상징색을 알아보는 것도 좋다. 그리고 관찰한 스타일과 최대한 유사하게 차려 입고 면접장에 들어서라. 면접장에서는 정장을 입는 경우가 많으니, 상징색의 넥타이를 하는 것도 추천한다. 그를 보는 순간 면접관은 무의식 속에서 긍정적으로 생각할 확률이 높다.

"저 친구는 처음 봤는데도 왠지 원래부터 우리 회사 직원인 것 같고, 호감이 생기네."

이번에는 자동차 영업사원이 고객을 만나러 간다고 하자. 이전 만남을 통해 고객이 자주 골프를 치러 다닌다는 정보를 알아냈다. 그렇다면 미팅 자리에서 고객과 취미가 같다는 사실을 넌지시 알리는 것이다.

"저도 골프를 좋아합니다. 시간이 없어서 자주 못 치긴 하지만요."

그러면 고객이 반가워하며 대화의 물꼬를 트게 될 확률이 높다. 이후 자연스레 자동차 이야기로 넘어가면 고객은 세일즈맨의 의도대로 자동차 구매에 관심을 보이게 된다.

마지막으로 소개팅이 잡혔다고 하자. 사진을 보고 무척이나 마음에 들어서 상대의 마음을 꼭 잡고 싶다면 사전에 주선자를 통해 상대방의 취향, 취미, 패션, 직업 등을 세세하게 파악하는 편이 좋다. 그리고 소개팅 자리에서 어떤 커피를 마시겠느냐는 대화를 나눌 때, 상대가 자주 마시는 커피를 시키는 것이다. 그러면 상대방의 입에서 이런 말이 튀어나올 것이다.

"저랑 취향이 같으시네요. 이 커피 맛있죠?"

연타를 날려야 한다. 커피 취향과 연관해 취미로 대화 흐름이 흘러간다면, 상대와 같은 취미를 가졌다고 먼저 말을 꺼내는 것이다.

"저는 주말마다 등산 가는 것을 좋아해요."

그러면 상대방은 당신에게 호감을 느낄 것이고, 만남이 성사될 확률도 높아진다. 물론 거짓말을 하라는 의미는 아니다. 다만, 첫 만남에서 호감도를 높이고 싶다면, 상대와 비슷한 부분을 최대한 찾아서 어필하는 것이 간단하면서도 효과적인 방법이라는 뜻이다.

28

사람들 앞에서 실수할까 봐 늘 노심초사입니다

실수 효과

사람들은 완벽한 사람보다는 다소 빈틈이 보이는 사람을 좋아한다.

미국의 한 초선 의원이 당대 최고의 웅변가 링컨에게 다가가 자신의 연설을 평가해줄 수 있냐고 물었다. 링컨이 허락하자 그는 갈고닦은 솜씨를 유감없이 발휘하여 유창하게 연설했다. 그는 속으로 자신의 연설 흠잡을 데 없이 완벽했다고 생각했지만, 링컨에게선 의외의 말이 나왔다.

"잘 들었소만, 다음부터는 좀 더듬거리는 게 어떻겠소?"

의아해하는 그에게 링컨은 연설을 완벽하게 하는 것보다는 다소 서툴게 말하는 편이 낫다고 말한 이유를 알려주었다. 완벽하게 말하는 사람에게서는 인간미를 느낄 수 없기 때문에, 반대로 다소 실수하며 말하는 사람에게는 호감도가 높아진다는 것이다.
비슷한 예가 또 있다. 할리우드 영화배우 알 파치노Al Pacino가 영화 '여인의 향기'로 남우주연상을 받았을 때였다. 그가 시상식 단상에 올라서자, 많은 사람이 숨을 죽이고 빼어난 말솜씨로 수상소감 하길 기대했다. 하지만 그는 그날따라 몹시 긴장했는지 주머니에서 수상소감을 적은 메모지를 꺼내 떨리는 목소리로 읽어내려갔다. 이는 늘 카리스마 넘치는 연기를 펼쳐왔던 영화배우의 모습과는 거리가 멀었다. 하지만 그가 메모지에 적힌 글을 읽고 나자 우레 같은 박수가 울려 퍼졌다. 청중들은 할리우드 최고의 연기자가 시상식에서 떠는 모습을 보고 오히려 인간미를 느낀 것이다.

심리대화 전문가인 필자에게도 타인에게 호감을 살 수 있는 방법을 물으며 상담을 요청하는 분들이 있다. 그중에는 외모가 출중하고, 스펙도 좋으며, 사회적으로 유명인사인 경우도 많았다. 이들이 모든 것을 갖추었음에도 불구하고, 정작 사람들로부터 호감을 받지 못하는 것 같다고 말하며 고민하는 이유는 뭘까?
많은 이유가 있겠지만, 그중 하나는 너무 완벽한 모습을 보이려고 해서, 반대로 인간미를 풍기지 못하기 때문이다. 많은 사람이 타인에게 완벽하게 보이기 위해 애를 쓰고, 작은 실수만으로도 자책하기 일쑤다. 그러나 사람들은 모든 면에서 완벽해 보이는 사람에게 쉽게 마음을 터놓거나 좋아한다는 표현을 하지 못한다. 완벽한 사람과 비교하면 자신이 보잘것없다는 사실을 번번이 자각하기 때문이다. 그래서 사람들은 완벽한 사람보다는 다소 빈틈이 있는 사람을 좋아한다. 이는 **실수 효과**Pratfall Effect로 설명할 수 있다.

완벽해 보이는 사람의 실수가 오히려 사람들의 호감도를 높이고, 매력을 증진시킨다는 이론

미국 심리학자 캐시 애런슨Kathy Aronson은 흥미로운 실험을 했다. 그는 두 명의 참가자와 퀴즈쇼를 진행한 후 관객들이 어느 쪽에 더 호감을 느끼는지 조사했다. 우선 퀴즈쇼 시작 전, 참가자들이 인터뷰한 영상을 관객들에게 보여줬다. 영상에서 한 참가자는 처음부터 끝까지 실수 없이 완벽하게 행동했고, 다른 참가자는 앞 참가자와 똑같이 대답한 후 커피를 엎지르는 실수를 했다.
이윽고 퀴즈쇼가 시작됐다. 피험자들은 커피를 엎지르는 실수를 한 참가자가 정답을 맞혔을 때 더 크게 손뼉을 쳤다. 애런슨은 실험 결과에 대해 이렇게 설명했다.

"허점이나 실수가 매력으로 보일 수 있습니다. 지나치게 빈틈없고 완벽한 사람은 상대적으로 덜 매력적으로 비쳐지게 됩니다."

오해하지 말자. 실수하면 할수록 타인에게 매력도가 높아진다는 말은 아니다. 완벽한 모습을 갖춘 상태에서 약간의 허점을 보이는 정도일 때 실수가 매력으로 작용한다. 예를 들어 다음 네 유형의 사람 가운데 누가 제일 호감도가 높을까?

A : 완벽하지만, 가끔 실수하는 사람

B : 실수 없이 완벽한 사람

C : 평범하지만, 가끔 실수하는 사람

D : 평범하고 실수도 없는 사람

조사 결과, 이 가운데 제일 호감도가 높은 사람은 A였다. 앞에서 살펴봤듯, 완벽한 사람의 경우는 허점과 실수가 오히려 매력 포인트로 작용한 것이다. 하지만 그 외의 호감도 순서는 B〉D〉C로, 매사 허술하고 습관적으로 잦은 실수를 하는 사람에게는 해당하지 않는 얘기다.

허점이 있고, 작은 실수를 저지르는 사람에게 호감을 느끼는 이유는 세 가지를 들 수 있다.

① 실수나 결점을 보이는 사람은 상대에게 우월감을 들게 한다.

② 허점을 드러낸 사람은 진솔하고 인간미 있게 느껴진다.

③ 허점을 드러낸 사람에게는 경계심을 풀고, 자신의 결점을 털어놓을 수 있다.

필자는 GS홈쇼핑 본사에서 보이스 트레이너로, 신입 쇼 호스트를

2년간 교육한 적이 있다. 목소리를 통해 시청자의 마음을 쥐락펴락할 수 있는 실전 노하우를 기초부터 차근차근 알려주는 시간이었다. 당시 필자는 강의를 연이어 호평받는 상황이었기 때문에 나름 내공이 생겼다고 생각했지만, 강의가 이어지는 동안 쇼 호스트들과의 교감이 잘 이루어지지 않았다. 트레이닝에 참여한 쇼 호스트들은 이미 목소리, 비주얼, 화술 등이 뛰어난 아나운서, MC 출신이 많아 기본 실력이 잘 다져져 있었다. 게다가 높은 경쟁률을 뚫고 입사한 탓에 기초 보이스 트레이닝 교육에 다소 소극적인 듯했다.

이렇게 되자 강의가 딱딱하게 진행될 수밖에 없었고, 당연히 분위기가 부드러울 때보다 효율도 떨어졌다. 이때 묘안으로 떠올린 것이 실수 효과였다. 의도적으로 실수를 연출해 수강생들과 필자 사이의 거리를 좁히기로 한 것이다.

그날, 필자가 강의실에 들어서서 단상 옆에 서자 여기저기서 쿡쿡 웃는 소리가 들려왔다. 곧 한 분이 구두끈이 풀렸다고 말해줬고, 필자는 알려줘서 웃으면서 고맙다고 답하며 구두끈을 고쳐 맸다. 아주 작은 사건이었지만, 이후로 그들은 필자를 볼 때마다 웃으면서 호감을 표시해왔고, 음료나 샌드위치를 건네며 인사를 하기도 했다. 물론 필자에게 따로 질문도 하고, 상담도 해왔다. 강의 호응도 역시 좋아졌다.

단 한 번의 실수만으로 지나치게 자책하거나 완벽한 사람이 되기 위해 종일 신경을 곤두세울 필요는 없다. 스스로 완벽한 사람이 아니라고 생각할 수도 있다. 하지만 중요한 것은 단 한 번의 실수로 당신의 평판이 달라지지 않는다는 점이다. 완벽하지 않은 우리는 완벽해지기 위해 늘 계획을 세우고, 최선을 다했더라도 혹시나 일어날 수 있는 변수에 불안해한다.
완벽해지려는 마음은 우리에게 강박감을 느끼게 한다. 완벽하지 않음을 인정하고, 완벽해지려는 자신에게 스스로 말해줄 필요가 있다.
괜찮다, 다 괜찮다, 완벽하지 않아도 정말 괜찮다.

29

첫 만남에서 호감을 줄 수 있는 결정적 한 방은?

악수 효과

누군가로부터 호의와 존경을 이끌어내고자 한다면 반드시 악수를 청하자.

교사 C는 학생들에게 어떻게 하면 효과적으로 지시할 수 있을지 고민이 크다. 학생들에게 무언가를 시키는 것은 교육의 일환이기도 하다. 그런데 말로만 부탁하면 잘 듣지 않는 경우가 많고, 때로는 '왜 나에게 시키느냐'고 항의하는 경우도 있다. C는 필자에게 학생들이 기분 나쁘지 않도록 존중하면서도, 확실하게 지시할 수 있는 방법이 없는지 상담을 요청해왔다. 필자가 제시한 답은 아주 간단했다. 바로 '악수를 하고 도움을 요청하라'는 것이었다. 의아해하는 C에게 필자는 한 가지 예시를 들었다.

"운동장에 버려진 휴지를 주우라고 말할 때, 그냥 '운동장에 버려진 휴지를 주워 휴지통에 넣어주세요'라고 할 때보다 악수를 한 뒤 같은 말을 하는 경우에 학생들이 훨씬 더 협조적일 것입니다. 악수로 학생들의 호의를 얻어냈기 때문입니다."

이는 **악수 효과**Handshake Effect로 설명할 수 있다.

악수를 하면 상대방의 호의와 존중도가 높아지는 현상

하버드비즈니스스쿨 교수인 프란체스카 지노Francesca Gino는 MBA

수강생을 대상으로 협상 실험을 했다. 그는 수강생들에게 부동산 구매자 대 판매자라는 역할을 각각 부여하고 짝을 지은 후, 다시 두 팀으로 나누었다. 그다음 한 팀은 악수를 한 후 협상을 진행하도록, 다른 한 팀은 악수를 하지 않은 채 협상을 진행케 했다. 그러자 흥미로운 결과가 나타났다. 악수를 한 팀이 수익 분배와 정보 공유 등에서 더 공정한 자세를 취했던 것이다.
이는 다른 실험에서도 마찬가지였다. 이번에는 취업 준비생 대 고용주로 역할을 나눠 같은 실험을 진행했다. 그 결과 악수를 한 팀이 연봉, 보너스, 근무 시간 등에서 합의점에 도달하려는 노력을 더 많이 한 것으로 나타났다.

서로 손을 맞잡는 인사인 악수는 과거, 잉글랜드에서 손에 무기가 없다는 사실을 보여주기 위해 유래되었다고 한다. 당시만 해도 왼손 소매에 무기를 숨기는 풍습 때문에 왼손으로 악수를 했으며, 손이 아니라 손목을 잡았는데, 시간이 흐르면서 현재와 같은 모습으로 일반화되었다.
악수는 일방적으로 할 수 있는 것이 아니고, 한 사람이 손을 내밀었을 때 다른 사람도 잡아줘야 성립한다. 따라서 별생각 없이 악수를 했더라도, 두 사람은 서로 교감한다는 느낌을 받게 된다.

이제는 세계 대부분의 사람이 악수를 예의 바른 인사법으로 받아들이고 있다. 따라서 누구나 악수하는 법을 잘 알고 있는 것 같지만, 실제로는 그렇지 않다. 악수도 제대로 알고, 많이 연습해봐야 잘할 수 있다.

필자는 악수할 때 두 가지를 특히 중시한다. **첫 번째**로 상대방의 체온을 느끼는 것이다. 다양한 장소에서 각양각색의 사람들을 만나서 악수해보면, 사람마다 체온이 다름을 알 수 있다. 어떤 사람의 손은 따뜻하고, 또 어떤 사람의 손은 차갑다. 악수할 때 이것을 체크하면, 상대방의 컨디션을 아는 데 도움이 된다.

두 번째로 상대방과 시선을 마주치는 것이다. 필자는 악수를 할 때면 반드시 정면에서 상대방의 눈을 응시한다. 서로 손을 잡고, 두 눈을 응시하는 찰나의 순간은 매우 가슴 뛰는 일이다. 짧은 순간에 최대한 상대의 마음을 읽고, 필자의 의도를 전달하려고 노력한다. 따라서 상대와 손을 잡는 시간은 너무 짧거나 길어서는 안 되며, 손을 너무 힘없이 쥐거나 꽉 쥐어서도 안 된다.

이렇듯 사소하게 보이는 악수에 큰 의미를 부여하는 이유는 '악수의 힘'을 알기 때문이다. 바로 상대방으로부터 존중과 호의를 이끌어내는 힘이다.

필자는 전국을 다니면서 다양한 기관과 기업의 담당자를 만나게 된다. 그중 강의 전 "강연 기획 담당자 ○○○입니다" 하고 자신을 소개하며 악수를 청해오는 담당자에게는 더 호감을 느낄 수밖에 없다. 손과 눈빛으로 진정성을 전달받기 때문이다. 그런 날은 유익한 강연을 만들고자 특히 더 혼신의 힘을 쏟는다.
이런 악수 효과는 일상생활 전반에 걸쳐 활용할 수 있다. 지노에 따르면, 자녀 교육에서도 활용 가능하다. 실제로 아이들을 키우는 가정에서도 악수의 효과가 높다.

"부모라면 사소한 일로 다툰 자녀들을 화해시킬 때, 서로 손을 잡게 하세요. 이는 과학적인 근거가 있습니다. 악수는 상대방을 존중하게 만드는 효과가 있기 때문입니다."

악수 효과를 극대화하고 싶다면 부모 역시 아침저녁으로 자주 악수하는 모습을 아이들에게 먼저 보여주자. 평소 스킨십이 적은 가정이라면 그 효과가 더 높게 나타날 것이다. 남편이 아내에게 무언가를 부탁하거나 사과할 때, 아내가 남편에게 무언가를 요구할 때, 서로 화해할 때 등 시시때때로 악수하는 것을 생활화하자. 아이들에게 특별한 일을 지시할 때마다 악수를 청하는 것도 좋은 방법이다.

코로나19 바이러스로 인해 악수를 건네는 것도 어려워진 요즘이다. 호의와 존경을 이끌어내는 가장 이상적인 인사법인데, 쉽게 할 수 없는 현실이 안타깝다. 하지만 앞서 언급한 것처럼 가정에서 배우자끼리, 혹은 부모와 자녀와의 사이에서 먼저 익숙해져 보는 건 어떨까?

악수는 특별한 장소에서, 특별한 일이 있을 때만 하는 게 아니다. 악수는 언제 어디서나 할 수 있는, 가벼우면서도 효과적인 스킨십이다. 누군가로부터 호의와 존경을 이끌어내고자 한다면 반드시 악수를 청하자. 상대방의 체온을 느끼고, 상대의 눈을 응시하면서 악수하라. 아무리 서먹서먹한 상대라고 해도 일단 악수를 하면, 당신에게 마음을 열게 될 확률이 높다.

7장

건강을 지켜주는 심리학

30

공황장애는 어떻게 극복하죠?

모리타 요법

현재 눈앞의 일에 집중하다 보면 자신을 괴롭히던 일들이 조금씩 잊힌다.

"가슴이 답답해서 병원으로 실려 갔다가 공황장애라고 진단받았습니다." -김구라(방송인)

"앨범 작업을 할 때 프로듀서가 따로 없어요. 셀프 프로듀싱을 해야 하는 상황이니까 모든 상황에 제 손길이 안 닿으면 안 될 것 같고, 그러다 보니 과부하가 와서 공황이 왔어요." -선미(가수)

두 연예인이 겪은 정신 질환은 공황장애다. 일명 '연예인 병'이라 불릴 정도로 수많은 연예인들이 이 질환을 앓고 있는데, 사실 우리 주변에서도 흔한 병이다. 국민건강보험공단이 발표한 자료에 따르면 2018년, 공황장애라고 진단을 받은 사람은 16만 명에 육박할 정도로 많다. 또한, 전 연령대에 걸쳐 환자가 계속 증가하고 있다. 이 질환은 특히 지하철 기관사들에게 많이 생긴다고 한다. 지상 철도와 달리 컴컴한 지하 터널에서 계속 운행해야 하는 지하철의 경우, 궤도의 소음과 벽에서 나오는 공명음이 기관사에게 그대로 전달된다. 정확한 이유는 밝혀지지 않았지만, 이와 같은 스트레스에 지속해서 노출될 경우, 어느 순간 공황장애가 생길 확률이 높아진다.

필자의 지인인 대학교수 O는 공황장애의 초기 증상을 겪은 적이 있다. 그녀는 미국에서 오랜 시간 살아온 탓에 미국과 한국의 다소 다른 문화와 대학 생활에 적응하는 데 다소 어려움을 느꼈다고 한다. 또한 많은 강의와 연구과제들로 바쁜 스케줄 때문에 늘 커피를 입에 달고 살았고, 잠도 제대로 못 자며 정신없이 생활했다.
한번은 지방 발표 일정으로 고속버스를 타고 이동하면서도, 쉬지 못하고 노트북 자판을 두드리며 발표 내용을 최종적으로 마무리하고 있었다. 그런데 고속버스가 터널 안으로 들어가는 순간, 갑자기 가슴이 옥죄는 듯이 고통스럽고 식은땀이 줄줄 흘러내렸다. 이 증상은 고속버스에서 내릴 때까지 이어졌다.
이후로 강의 시작 전, 교수연구실에서 강의를 준비할 때, 원고 청탁을 의뢰하는 전화를 받을 때, 바쁘게 문서 작업을 할 때 등 시시때때로 비슷한 증상이 나타났다. 불안한 마음에 시간을 내서 병원을 찾은 교수 O에게, 의사는 이런 진단을 내렸다.

"아직 공황 발작의 초기 증상이 진행되고 있는 상황입니다. 압박감에서 벗어나도록 하고, 되도록 스케줄을 줄이고 마음의 여유를 찾으면 나아질 것입니다."

연예인의 일로만 알았던 공황장애가 자신에게도 생길 수 있다니 충격이었다. 하지만 O는 증상이 아직 초기라는 데 감사하며, 강의와 강의 사이에는 최대한 아무 생각하지 않고 휴식을 취하기로 했다. 또한 강의 준비를 완벽하게 해야 한다는 강박감 때문에 주말에도 습관처럼 하던 일을 멈추고, 자신이 좋아하는 요리를 하는 등 여유를 즐기기로 했다. 또, 한국과 미국의 문화적 차이가 있다는 사실을 인정하고, 빨리 적응하려고 애쓰던 마음도 내려놓았다. 이처럼 마음의 여유가 조금씩 생기자 강박, 긴장감, 초조함 같은 증상도 차차 줄어들었다.

공황장애는 다양한 원인으로 발생한다. 그 가운데 심리적 원인이 가장 크다. 지나친 스트레스, 과도한 업무, 정신적 불안 등이 겹치면 누구나 겪을 수 있는 일이다. 공황장애는 보통 발작 증상으로 처음 나타나며, 비슷한 증상이 한 달 이상 지속적으로 나타날 경우 공황장애라고 진단하게 된다. 대표적인 공황발작 증상은 다음과 같다.

- ☐ 가슴이 떨리거나 심장박동수가 증가함
- ☐ 땀이 많이 남
- ☐ 손, 발 또는 몸이 떨리거나 흔들림
- ☐ 숨이 가빠오거나 질식할 것 같은 느낌
- ☐ 가슴이 아프거나 압박감을 느낌

- ☐ 메스껍거나 뱃속이 불편함
- ☐ 어지럽거나 불편하며, 현기증이 나타남
- ☐ 당장 죽을 것 같은 느낌
- ☐ 지각 이상(손발이 마비되거나 따끔따끔한 느낌)
- ☐ 몸에 열이 오르거나 오한이 생김
- ☐ 비현실감 혹은 이인증(자기 자신에서 분리된 것 같은 느낌)
- ☐ 미쳐버릴 것 같은 두려움

가끔이라도 이런 증상이 나타난다면 간과하지 말아야 한다. 특히 비슷한 증상 서너 개가 지속해서 발생할 경우, 공황장애를 의심해 봐야 한다. 물론 반드시 의사의 정확한 진단과 치료를 받아야 하지만, 다행히 증상이 한두 개 정도에 불과하며, 나타난 지 얼마 되지 않았다면 비교적 혼자 힘으로 증상을 완화할 수 있다.

사연을 들은 필자는 그녀에게 여름방학 동안 **모리타 요법**Morita Therapy을 적용해보라고 추천했다.

정신적 고통을 없애기 위해 오직 한 가지에만 주의를 기울이고 나머지를 포기하는 요법

모리타 요법은 일본 정신분석학자인 쇼마 모리타Shoma Morita 박사가 개발한 치료 요법의 일종이다. 박사는 젊었을 때부터 심한 신경쇠약이 있어 약을 먹어도 좋아지지 않았다. 그는 가까스로 의과대학에 입학했는데, 어느 날 부모가 학비를 보내주는 것을 깜박하고 말았다. 늘 비관적이었던 그는 극단적인 생각에 빠지고 말았다.

'부모님으로부터 버림받은 걸까? 어차피 약을 살 돈도 없는데, 고통받다가 죽느니 차라리 다 잊고 공부에만 매달려보는 거야.'

이렇게 결심한 모리타는 미친 듯이 공부에 빠져들었는데, 신기하게도 지금까지 그를 괴롭히던 신경 쇠약의 고통이 사라졌다고 한다. 그 경험을 토대로 만들어진 것이 바로 모리타 요법이다. 우스갯소리로 '자포자기식 치료법'으로 불리는데, 한 가지에만 집중하기 위해 다른 모든 것을 포기하고 잊어버리라고 말하기 때문이다.

보통 모리타 요법은 한 달 과정으로 진행된다. **첫 번째 일주일**에는 독방에 격리되어 온종일 잠을 잔다. TV 시청, 전화, 면회는 일절 금지되며 식사와 화장실에 가는 것만 허락된다. 이를 통해 활동에 대한 욕구를 키운다.

두 번째 일주일에는 휴지 줍기, 청소 등 간단한 실내 활동만 가능하다. 이를 통해 지금 하고 있는 활동에 열중하게 된다.
세 번째 일주일에는 야외 활동이 가능하다. 이때부터 삶의 의욕이 샘솟기 시작한다.
네 번째 일주일에는 사람과의 접촉이 가능하면 정상적인 사회생활에 도전한다.
이렇게 한 달을 보내면 신기하게도 자신을 괴롭히던 정신적 문제에서 조금씩 벗어날 수 있다. 공황장애도 예외가 되지 않는다.

아직 증상이 초기 단계였던 만큼 교수 O에게는 엄격한 통제가 필요하지는 않았다. 대신 며칠 동안 아무 일도 하지 않고 보낸 후, 작은 일을 차차 하나씩 하는 것으로 대신했다. 이 작은 시도만으로도 그녀는 마음의 여유가 충분히 생겼다고 전해왔다.
시도 때도 없이 가슴이 떨리거나 압박감을 느껴 걱정하는 분이 많다. 가장 먼저 해볼 최선의 치유법은 그것에 얽매이지 않는 것이다. 모리타 박사가 공부에만 집중했듯이, 걱정거리와는 관계없는 하나의 일에 전념하고, 그것 외에는 가능한 한 신경쓰지 말라. 현재 눈앞의 일에 집중하다 보면 자신을 괴롭히던 일들이 조금씩 잊힌다.

공황장애를 극복한 방송인 김구라는 말했다.

"올림픽대로에서 반포로 빠지는데 거기만 돌면 오는 사람도 있고, 터널을 지날 때 오는 사람도 있다. 공포의 원인은 천양지차인 만큼 신경 쓰지 않아도 된다."

31

반려동물이 세상을 떠나는 상상만으로도 두려워요

펫로스 증후군

함께했던 좋은 기억을 떠올리며 씩씩하게 이겨내자.

"아이가 죽었을 때 현기증이 오고, 온 세상이 어두컴컴해졌어요."
"그 애를 묻어주며 너무 많이 울어서 호흡이 곤란할 정도였어요. 혼자 살아갈 것을 생각하니 너무 힘드네요."
"얼마 전에 한 아이를 하늘나라로 보냈어요. 너무 힘들어서 어떻게 대처해야 할지 모르겠네요."

인터넷 심리 상담 카페에 올라온 글들이다. 이 글을 쓴 사람들은 어떤 이유로 심각한 정신적 고통을 겪고 있는 걸까? 짐작했겠지만, 반려동물의 죽음 때문이다. '반려동물'이라는 명칭에서 알 수 있듯이, 단순히 동물이 아니다. 사람과 생활하고 호흡하면서 함께 살아가는 동반자에 가깝다.
따라서 어느 날 갑자기 반려동물의 숨이 멎으면, 충격이 엄청날 수밖에 없다. 마치 가족이나 지인의 죽음에 맞먹는 고통으로 다가온다. 특히나 여성은 반려동물이 세상을 떠났을 때, 마치 자식의 죽음과 비슷한 충격을 느낀다고 한다.
우리나라의 반려동물 인구수는 기하급수적으로 늘어서, 현재 1,000만 명으로 추산하고 있다. 반려동물의 수명이 대부분 인간보다 짧은 것을 감안하면, 얼마나 많은 사람이 반려동물의 죽음으로 고통스러워하고 있을지 짐작할 수 있다. 이를 정신의학계에서는

펫로스 증후군 Pet Loss Syndrome이라고 한다.

반려동물이 사고, 노환 등으로 죽었을 때, 사람이 느끼는 우울감과 상실감

이는 결코 간과할 수 없는 심리 상태다. 반려동물의 죽음을 맞닥뜨렸을 때, 반려인은 평균적으로 2~3개월간 극심한 슬픔과 고통을 겪는다고 한다. 그런데 이 증상이 1년 이상 지속되는 경우도 있다. 상태가 심각할 경우, 자살에까지 이를 수 있는 충격이다. 정신과 의사에 따르면, 반려동물 죽음으로 인한 슬픔은 다른 죽음과 마찬가지로 '죽음의 5단계'를 거치게 된다고 한다.

1단계 현실 거부 : 반려동물의 갑작스러운 죽음을 받아들이지 못하는 상태다. 상황을 애써 잊거나 부정하려고 한다.
2단계 분노 : 반려동물의 죽음을 인정하면 곧바로 분노가 생긴다. 감당하기 힘든 충격에 대한 반응으로 화를 낸다.
3단계 죄책감 : 반려동물의 죽음이 자신의 탓이라고 여기며 죄책감을 느낀다. 반려동물의 불가항력적인 죽음에 아무것도 하지 못한 자신을 자책한다.

4단계 상실감 : 반려동물의 빈자리에서 외로움과 상실감을 느낀다. 이로 인해 우울증이 생길 수 있다.

5단계 수용 : 어느 정도 시간이 흐른 상태로, 반려동물의 죽음을 제대로 받아들이게 되는 상태다. 비로소 반려동물에 대한 추모의 마음을 가질 수 있다.

인정하기 싫겠지만 반려동물의 죽음은 언젠가 반드시 맞게 될 현실이다. 아무런 준비 없이 반려동물이 세상을 떠나면 충격으로 인한 정신적 고통이 매우 클 수밖에 없다. 따라서 대처 방법 다섯 가지를 기억해두고, 미리 준비하는 편이 좋다.

첫 번째, 죽음을 대비하는 것이다. 종에 따라 다르지만, 소형견의 경우 평균 수명이 10~15년 정도로, 사람보다 매우 짧다. 언젠가는 반려동물이 세상을 떠나는 상황을 맞이하게 될 것이므로, 반려동물의 죽음을 미리 준비하는 자세가 필요하다. 언젠가 헤어지게 된다는 것을 반드시 기억하라.

두 번째, 주변 사람들에게 위로를 받는 것이다. 반려동물의 죽음으로 인한 상실감은 대단하다. 가족이나 지인이 세상을 떠났을 때 주위 사람들로부터 위로받고 힘을 얻는 것처럼, 상실을 극복하기 위해 지인들의 위로와 지지를 적극적으로 요청하자.

세 번째, 기념의식과 물건을 만드는 것이다. 요즘은 반려동물 전문 장례식장도 많다. 사랑하는 반려동물을 보내주며, 추모하는 시간을 충분히 갖자. 혹은 앨범이나 동영상 그리고 원한다면 메모리얼 스톤(루세떼, 반려동물의 유골로 만든 추모용 보석) 등을 만들어 반려동물을 추억하자.

네 번째, 반려동물의 흔적을 천천히 정리하자. 빨리 잊겠다며 용품들을 바로 없애버리면 그만큼 상실감이 크게 닥쳐온다. 따라서 반려동물과의 추억을 반추하는 시간을 충분히 가지면서 천천히 물건을 치우자.

다섯 번째, 다른 반려동물을 입양하는 것이다. 이때는 반드시 충분한 시간을 둬야 하며, 같은 종은 피하는 것이 좋다. 심적으로 닮은 아이를 입양하고 싶을 수도 있지만, 오히려 반려동물의 소중한 가치가 훼손될 수 있다. 동물을 물건처럼 다른 것으로 언제든지 대체할 수 있다는 느낌이 들 수도, 막상 입양했더니 전에 키우던 아이와 다른 기질 때문에 실망할 수도 있기 때문이다. 입양은 신중하게, 그리고 가능한 한 이전과는 다른 방향으로 진행하는 것이 좋다.

반려동물을 잃었다는 상실감에서 빠져나와야 한다. 당신은 반려동물을 보며 아프진 않을까, 배가 고프진 않나, 지금 기분은 어떠한가 하며 항상 애정을 기울이고, 마지막 순간에도 '아픔을 줄여주기 위해 무엇을 하는 게 좋을까' 고민했을 것이다. 반려동물을 위해 애썼던 자신을 일부러라도 떠올려보자. 더 이상 미안해하지 말고, 다시 행복해지는 것이 당신의 반려동물 역시 바라는 바일 테다.

분명 가족처럼 함께 지내던 동물을 떠나보내는 것은 힘든 일이다. 그러나 함께했던 좋은 기억을 떠올리며 씩씩하게 이겨내자.

32

남자라서 외모에 더 집착하게 돼요

아도니스 증후군

내면에 열등감이 있는 사람일수록 이를 감추려고 외모에 더더욱 집착하게 된다.

30대 초반의 보험설계사 K는 직업상 많은 사람을 만나고, 짧은 미팅 자리에서 고객을 쉽게 설득해야 하므로 외모를 가꾸기 시작했다. 처음에는 간단한 피부 관리에 그쳤지만, 어느 날부터 색조화장을 하게 됐다. 또한 자신의 눈매가 날카로워 신뢰감이 떨어진다는 생각이 들자 눈 성형수술까지 했다. 양복과 안경, 가방 등은 늘 명품으로 차려입었다. 몸매에도 많은 관심을 기울였다. 그는 모델처럼 마른 스타일을 선망하며 1년 내내 다이어트를 했다.

이렇게 외모를 부족함 없이 꾸며야만 고객이 자신을 신뢰하고, 남들에게 호감을 줄 수 있다고 생각했다. 처음에는 달라진 모습에 만족했지만, 시간이 지나자 다른 문제가 생겼다. 한번 얼굴에 칼을 대고 나니, 코, 입술도 성형수술로 고치고 싶어진 것이다. 또한 아무리 살을 빼도 자신의 몸매가 마음에 들지 않아 각종 다이어트 보조제도 구입하기 시작했다. 하지만 외모를 꾸밀수록 오히려 더 자신감이 없어졌다. 마침 K가 일하는 보험사에서 필자가 진행하는 세일즈 커뮤니케이션 강의가 열렸고, 그는 강의 후 필자를 따로 찾아와 고민을 상담했다. 필자는 이렇게 조언했다.

"외모에 집착하면 할수록, 자존감은 더 떨어질 수밖에 없습니다."

이는 **아도니스 증후군**Adonis Syndrome으로 설명할 수 있다.

남성이 외모에 과도하게 집착하여 나타나는 강박관념 또는 우울증

우선 아도니스 증후군이라는 용어가 어떻게 탄생했는지부터 알아보자. 그리스로마신화 속 사랑의 여신 아프로디테는 빼어난 외모를 가진 청년 아도니스를 매우 예뻐해 늘 곁에 두고 사랑을 속삭였다. 하루는 아프로디테가 숲을 지나면서, 아도니스에게 말했다.

"사냥에 나가면 절대 맹수를 쫓지 말아요. 맹수의 공격을 경계해야 해요. 나는 맹수가 당신을 해칠까 봐 항상 걱정돼요."

아프로디테가 아도니스를 너무나 아낀다는 것을 알게 된 전쟁의 신 아레스는 그를 질투하며, 아도니스를 없애기 위한 기회를 호시탐탐 노리기 시작했다. 그러던 어느 날, 아프로디테가 키프로스 섬에 볼일을 보러 나갔고, 아도니스는 사냥을 떠났다. 그가 숲으로 들어오자 멧돼지로 변신한 아레스가 나타나 공격했고, 아도니스는 피를 쏟으며 죽고 만다. 아프로디테는 자신의 사랑 때문에 비참하게 죽임당한 아도니스를 불쌍히 여기며 그가 흘린 피 위에 꽃을

피웠다. 그 이름은 바람의 꽃 '아네모네'였다.

오늘날, 많은 젊은 남성이 아도니스처럼 아름다움을 뽐내고 있다. 최근에는 화장하고 성형수술을 하는 남성을 어렵지 않게 찾아볼 수 있을 정도로, 외모적 아름다움을 적극적으로 추구하고 있다. 건강 때문이 아니라 외적으로 인정받기 위해 몸매를 가꾸는 사람도 많다.
실제로 사회에서도 잘생기고 잘 꾸민 남자가 경쟁력을 갖게 되었다. 가령 취업 면접을 볼 때, 수염이 거뭇거뭇한 남성보다는 단정하고 뽀얀 피부를 가진 남성이 더 매력적으로 보인다. 패션도 무시하지 못한다. 고급스러운 액세서리를 하고, 명품으로 치장한 남성이 그렇지 않은 이보다 더 주목받는 경우가 많다.

2001년 하버드대 의과대학 교수 해리슨 포프Harison G. Pope는 『아도니스 콤플렉스The Adonis Complex』라는 책을 통해 신화 내용에서 따온 이 용어를 처음 사용했다. 그는 미국의 인기 액션 피겨 지 아이 조G. I. JOE와 광고 속 남성 모델의 시대별 변화에 대해 연구했다.
첫 번째로 지 아이 조 피겨의 변화를 살폈다. 1964년 처음에는 평범한 체격이었던 이 피겨는 1990년대에 들어서자 허리 74cm, 팔

41cm의 보디빌더 같은 근육질형 몸매로 바뀌었다.
두 번째로 광고에 등장하는 모델을 비교했다. 1960년대의 인기 잡지에 등장한 남성 모델 중 가슴을 드러낸 경우는 10% 미만이었지만, 1980년대에는 3배 이상 증가했다. 이 두 가지 조사를 통해 그는 결론을 얻었다.

"보디빌더처럼 변형된 지 아이 조 피겨는 1990년대 남성들의 몸매에 대한 환상을 보여줍니다. 당시 남성들은 근육질 몸매를 선호한다는 것을 알려주고 있지요. 또한 광고에 근육질 남성이 많이 노출되자 더 많은 남성이 근육질 몸매를 이상적이라고 생각하게 되었습니다."

그는 미국 내 300만 명 이상의 남성이 정상적인 몸매를 가졌음에도 불구하고, 자주 접하는 미디어 매체나 높아진 기준으로 인해 자신의 몸매가 부족하다는 생각에 빠지고, 외모에 집착하게 됐다고 밝혔다.
외모에 관심을 갖는 것이 나쁜 것은 아니다. 그러나 외모지상주의가 만연한 사회의 기준에 자신을 강제적으로 맞추려고 하다 보면 아무리 스스로를 가꾸고, 멋진 모습을 만들어도 만족하기가 힘들다. 유명 연예인과 비교하면서 점점 더 자기비하에 빠질 뿐이다. 그들은 광적인 성형수술을 하거나, 지나치게 식사량을 줄이거나, 과도한 운동을 함으로써 스스로 심신의 안정을 깨뜨린다. 그로 인한 폐해로 갖가지 정신적, 육체적 질병에 시달리고, 정상적인 생활을 하기 힘들어진다. 외모지상주의의 폐해는 여성에게도 똑같이 적용되지만, 남성의 경우는 자신이 아도니스 증후군에 걸렸다는 사실을 더 늦게 깨달을 확률이 크다. 그렇다면 아도니스 증후군에 빠지지 않으려면 어떻게 해야 할까?

첫 번째는 내면의 열등감을 치유하는 것이다. 즉, 자존감을 높여야 한다. 내면에 열등감이 있는 사람일수록 이를 감추려고 외모에 더욱 집착하게 된다. 따라서 과도한 외모 집착을 막기 위해서는 자기 자신에 대한 존중감이 무엇보다 필요하다.

두 번째는 타인이 제시한 외모의 기준에 무조건적으로 따르지 않는 것이다. 사람마다 조금씩 체형이 다르고, 생김새도 각양각색이다. 이를 무시한 채 유명 스타의 외모와 몸매를 절대적인 기준으로 놓고 따라하다 보면, 당연히 완벽하지 못한 자신의 모습을 싫어하게 될 수밖에 없다.

세 번째는 자존감을 높이는 것이다. 앞서 말한 것처럼 외모에 대한 집착은 자존감이 낮을수록 심해진다. 자존감이 낮은 자신을 객관적으로 마주해보고, 완벽주의에서 벗어나려 노력해야 한다. 타인의 시선보다 본인의 마음의 소리에 더 귀 기울이려 노력하자. 하루 동안 있었던 감사할 일들을 기록하는 '감사일기'와 '긍정일기'는 자존감을 높이는 데 도움이 된다.

현재 자신의 개성적인 외모를 인정하고 사랑하는 자세를 가져야 한다. 당신은 당신 모습 그대로 완벽하다.

33

불쾌한 상황에서 나도 모르게 웃게 되나요?

스마일 마스크 증후군

당신은 항상 웃어야만 가치 있는 존재가 아니다. 실망하고, 화를 내도 사람들은 당신을 그대로 받아들여 줄 것이며, 가치 없다고 여기지도 않을 것이다.

백화점에서 근무하는 20대 후반의 여성 J는 항상 환한 미소를 지으려고 노력한다. 손님을 응대할 때는 더더욱 밝은 미소를 지었다. 손님이 무례하게 화를 내면서 컴플레인할 때도, 반말을 하면서 사지도 않을 옷을 계속 갈아 입어도, 계산대에 툭 카드를 집어 던져도 미소를 잃지 않았다. 야근을 하고, 주말 근무에 차출되어도 웃으며 일하곤 했다.

그녀의 SNS을 봐도 마찬가지였다. 아무리 지치고, 컨디션이 좋지 않았어도 '할 수 있어!', '오늘도 열심히 일했다!'처럼 긍정적인 말과 웃는 사진들만 업로드했다. 그 모습을 보며 주위 사람들은 "성격이 매우 긍정적이네요", "늘 좋은 일만 가득하신 분 같아서 부럽습니다", "덕분에 저도 기분이 좋아집니다"라고 칭찬했다.

그녀는 이런 피드백을 받고 더더욱 환한 미소를 짓게 됐지만, 어느 날부터 심한 우울감이 찾아왔다. 쉽게 잠을 이룰 수 없으며, 식욕이 뚝 떨어졌다. 몸이 너무 힘들어진 그녀는 ○○백화점 강연을 마친 필자를 찾아와 고민을 털어놨다. 이때도 역시나 밝은 미소를 잃지 않는 탓에, J가 고민이 있는 건지 의심이 들 정도였다. 그녀와 상담을 끝낸 필자는 이렇게 조언했다.

"스마일 마스크 증후군으로 설명할 수 있습니다. 늘 웃어야 하는 서비스 직종의 직장인에게 자주 생기는 증상입니다. 감정을 제대로 발산하지 못한 채 감정을 억누르다 보면, 심리적으로 문제가 생기죠."

이처럼 서비스 직종의 직장인들을 포함해 많은 사람이 **스마일 마스크 증후군**Smile Mask Syndrome을 겪고 있다.

늘 밝은 모습을 유지해야 한다는 강박감으로, 슬픔과 분노 같은 감정을 표출하지 못하게 된 상태

스마일 마스크 증후군은 일본 쇼인여자대의 교수 나쓰메 마코토Natsume Makoto가 처음 사용한 용어다. 서비스직 여성들을 조사해본 결과, 직장에 안정적으로 고용되고자 누가 시키지 않아도 밝은 미소를 짓고 있는 경우가 많았다. 그들은 아무리 힘들고, 감정적으로 불쾌한 상황이라도 직장에 계속 다니며, 인정받기 위해서는 항상 긍정적인 모습을 보여야 한다고 생각했다. 하지만 이런 생각으로 인해 조사에 참가한 많은 서비스직 여성이 우울증, 불면증, 식욕부진, 성욕 저하, 무력감 등 심리적인 문제를 겪고 있었다.
스마일 마스크 증후군은 텔레마케터 등 서비스직과 연예인 같은

타인에게 많이 노출되는 직군에서 특히 자주 생기지만, 일반 직장인 중에서도 같은 증상을 호소하는 사람이 많다. 최근 한 포털 커뮤니티에서 조사한 결과에 의하면 직장인 1,000명 중 약 41%가 스마일 마스크 증후군에 시달리고 있다고 한다. 직장인의 경우, 스마일 증후군을 겪는 첫 번째 원인은 많은 업무량(41.5%), 그다음 원인으로는 동료·상사와의 소통 부족(25.4%), 본인 성격(24%), 건강 관리 부족(23.9%), 과도한 근무 시간(21.7%), 수직적 조직문화(21.1%), 성과 압박(19.3%) 등을 꼽았다.

실제로 많은 사람이 억지로 미소를 짓는 데 익숙하다. 불편한 환경이나 조건에서 좋은 인상을 보이기 위해 의식적으로 미소를 지어본 경험이 다들 한 번씩은 있을 것이다. 반복되거나 습관화되지만 않으면 큰 문제는 없다. 문제가 되는 것은 그 정도가 심할 때이다. 스마일 증후군 자가진단 항목 중 몇 개의 항목에 공감하는지 확인해보고, 만약 체크한 항목의 수가 많다고 생각되면 자신의 감정을 객관적으로 바라보는 시간을 가져야 한다.

- ☐ 감정 표현이 어렵다.
- ☐ 미래를 비관적으로 생각한다.

- □ 안 좋은 일의 원인은 다 나에게 있는 것 같다.
- □ 이유 없이 슬퍼진다.
- □ 매사의 의욕이 없다.
- □ 혼자 있을 때 짜증이나 화를 낸다.
- □ 남에게 보이는 모습과 혼자 있을 때 모습이 다르다.
- □ 직장 상사의 눈 밖에 날까 봐 초조하다.
- □ 남의 부탁을 잘 거절하지 못하고, 기분 나쁜 상황에서도 웃는 모습으로 대응한다.
- □ 나보다 남의 기분을 더 신경 쓰게 되어 불안해진다.

항목 중 다섯 개 이상 해당되고, 무기력함이나 불면증이 일상생활에 지장을 줄 정도면, 스마일 마스크 증후군을 의심해봐야 한다.

사실 필자 역시 이 증상으로 혼란을 겪어본 적이 있다. 강사로서 많은 사람 앞에 설 때면 컨디션이 안 좋고, 강의 도중 불쾌한 일이 생겨도 항상 밝은 미소를 지어야 했다. 수강생들이 만족감을 느끼게 하려면, 부정적인 감정은 표출하지 말아야 한다고 생각했다. 그러던 어느 날, 거울 속의 필자를 유심히 살피다가 이상한 점을 발견했다. 화가 나고, 슬플 때도 마냥 웃고 있는 게 아닌가? 정상적으로 보이지 않았다. 이와 함께 곰곰이 생각해보니, 필자는 점차 무기력해지고 있었다.
필자는 자신을 스마일 마스크 증후군 초기로 여기고, 감정에 솔직해지기로 했다. 물론 수백 명을 마주하는 대중 강연에서 함부로 화내거나 슬퍼할 수는 없다. 하지만 꼭 필요한 상황에서는 감정을 숨기지 않고 어느 정도 완화해 표현하기 시작했다.

"지금은 여러분들이 꼭 집중해주셔야 하는 상황입니다! 여러분이 집중하시지 않을까 봐 불안해집니다."
"지난 시간에 모두 과제를 해오시기로 약속했는데… 솔직히 너무 실망스러워서 슬프다고 말하고 싶어요."

강의하며 조금씩 감정을 표출하기 시작하자, 일상적으로 만나는 사람들 앞에서도 자연스레 필자의 감정을 드러낼 수 있게 됐다. 그러자 무기력감이 사라졌고, 서서히 활력을 되찾을 수 있었다. 그렇다면 스마일 마스크 증후군으로 힘들다면 어떻게 치유할 수 있을까? 가장 간단한 두 가지 방법을 소개한다.

첫째, 평소 자신의 감정을 표현해보려고 노력하는 것이다. 감정을

'즐겁다'와 '화가 난다'의 두 가지로 좁히지 말고, 다양한 언어로 표현하는 연습을 하자. 처음엔 어색하고, 자신의 감정을 구체적인 단어로 정의 내리기가 힘들 수도 있다. 하지만 즐겁다, 행복하다, 흐뭇하다, 부끄럽다, 자랑스럽다 등 다채로운 감정을 억제하지 않고 표현하다 보면 자신에게 다양한 감정이 있다는 것을 몸소 깨닫고, 항상 미소 짓지 않아도 불안해지지 않을 수 있다.

둘째, 감정 일기 쓰기다. 내면에서 솟아오르는 다양한 감정을 그대로 일기에 표출해보자. 일상생활 중에 꾹꾹 눌러왔던 감정을 혼자만의 시간에 백지 위에 적어보는 것이다. 이렇게 간접적으로 감정을 표출하다 보면, 다른 사람 앞에서도 조금씩 자신의 생각을 이야기할 수 있게 된다.

당신은 항상 웃어야만 가치 있는 존재가 아니다. 실망하고, 화를 내도 사람들은 당신을 그대로 받아들여 줄 것이며, 가치 없다고 여기지도 않을 것이다. 쉽지 않겠지만 조금씩 감정을 표현해보자. 어렵다면 처음에는 간접적으로 돌려가며 이야기하는 것으로도 충분하다.

34

불면증에서 해방되고 싶나요?

아우토겐 트레이닝

우선 불면증을 단순히 '잠을 못 자는 것'이라고 가볍게 여기기보다는 심각한 질환의 하나로 인식하는 자세가 필요하다.

40대 직장인 B는 얼마 전부터 불면증에 시달리고 있다. 그는 연이어 진급 심사에서 떨어졌다. 몇몇 동기는 어느새 부장으로 진급했고, 어떤 동기는 퇴직 후 다른 업종에서 근무하고 있다. 그는 자신만 어중간한 위치에 있는 것 같아 심리적 고통을 받고 있다. 언제 회사에서 잘릴지 모르고, 또 막상 그만둬도 뾰족한 대책이 있는 것도 아니다.
이로 인해 그는 퇴근 후 집으로 돌아와 잠을 자려고 해도 쉽게 잠이 오지 않았다. 머릿속이 암담한 미래에 대한 걱정으로 가득해 이리 뒤척이고, 저리 뒤척이다 보면 어느새 날이 환하게 밝아왔다.

"동이 틀 때까지 한숨도 못 잤어요. 너무 힘드네요."
"자꾸 잠이 깨서 늘 피곤합니다."
"불면증 때문에 자꾸 술을 마시게 되는데, 이러다 알코올의존증에 걸릴까 봐 걱정됩니다."

직장인 B처럼 잠을 잘 이루지 못해서 고통을 겪는 분들이 많다. 해야 할 일은 산더미 같은데, 막상 침대에 누우면 쓸데없는 생각에 빠질 뿐 쉽사리 잠이 오지 않아서 괴롭다는 이가 한둘이 아니다.
심지어 불면증은 남의 일이라고 생각하는 사람 역시 사실은 불면증을 겪고 있는 경우도 많다. 잠을 이루는 데 10분 이상 걸리거나, 기상 시간이 아닌 이른 새벽에 깨 다시 잠을 이루기 힘든 것도 불면증 증상에 속한다. 깊은 잠에 빠지지 못하고 이리저리 뒤척이는 것도 마찬가지다. 이렇다 보니, 우리나라의 사람의 5명 중 1명이 불면증을 겪고 있다는 통계가 있다.

사실 불면증의 문제는 단지 수면 시간 부족으로만 그치는 게 아니다. 충분히 자지 못하면 하루 동안 몸에 쌓인 피로 물질과 독성 물질을 배출하는 데 문제가 생긴다. 잠을 자는 동안, 뇌에서는 하루 동안 들어온 정보를 정리해 저장하고, 새로운 정보를 받아들일 수 있도록 '리셋'되는 현상이 벌어지는데, 이것이 제대로 되지 못한다면 늘 피로로 허덕일 수밖에 없다.
이렇게 되면, 아무리 책상 앞에 오래 앉아 있어도 일의 능률이 오를 리 없다. 사람을 많이 만나는 세일즈맨도 상대방의 말을 제대로 이해하고 올바르게 대응하는 데 애를 먹는다. 공장에서 제품을 만드는 생산직 역시 실수할 확률이 높다. 주부는 신경이 날카로워져서 자녀들과 불화가 생길 가능성이 생기며, 학생 역시 같은 시간을 공부해도 내용 습득의 효율이 떨어진다.

더욱이 불면증이 심할 경우 신장 기능이 떨어져 사망 위험률이 1.4배나 높아진다는 연구 결과가 있다. 따라서 우선 불면증을 단순히 '잠을 못 자는 것'이라고 가볍게 여기기보다는 심각한 질환의 하나로 인식하는 자세가 필요하다. 사람들은 여러 가지 원인으로 불면증을 앓고 있다. 이 가운데 대표적인 원인은 스트레스다.

필자와 이웃 모임에서 만난 주부 Y는 밤이 되면 걱정과 불안감으로 잠자리에 들어도 쉽사리 잠을 이루지 못한다고 했다. 잠을 자야 한다는 강박과 씨름하다 보면 서너 시간이 쉽게 지나가고, 새벽 시간이 되어서야 겨우 잠자리에 든다고 그녀는 걱정을 털어놓았다. 정신과 의사로부터 불면증 진단도 받았다고 했다. 혹시 좋은 방법이 있겠냐고 묻는 그녀에게 필자는 집에서 실천할 수 있는 수면법인 **아우토겐 트레이닝**Autogen Training, 즉, **자율 훈련법**을 소개했다.

몸과 마음을 이완시키는 암시를 통해 신체적, 심리적 문제를 치유해가는 자율 치유법

"마음과 몸을 이완시키는 데는 명상과 호흡, 기도가 큰 도움이 됩니다. 효과적으로 마음과 몸을 이완시켜주는 자율 훈련법은 언제

어디서나 쉽게 실천할 수 있으며, 불면증 치료에도 효과가 있습니다. 매일 실천하면 좋은 효과를 볼 수 있을 겁니다."

이는 1932년 독일 정신과 의사인 요한네스 슐츠Johannes H. Schultz가 고안해낸 치료법이다. 그는 한 수공업자를 최면으로 유도한 후, 그의 손등 위에 동전을 올려놓고 '뜨겁다'는 암시를 주는 실험을 했다. 이후, 동전을 떼어내고는 수공업자를 최면에서 깨웠다.
그런데 2주 후에 이상한 일이 생겼다. 수공업자가 찾아와서 "여기 보세요. 손등에 물집이 생겼어요. 그런데 하나도 아프지가 않습니다"라고 말한 것이다. 이 일로 슐츠 박사는 암시를 통해, 수공업자가 '뜨거움'을 실제로 체험했다는 걸 알아냈다. 슐츠는 다시 한 번 수공업자를 최면에 빠지게 한 후 손등이 원래대로 회복된다는 암시를 주었다. 그러자 곧 손등에 생긴 물집이 사라졌다. 이를 계기로 그는 자기 스스로 실천하는 자율 훈련법을 창안해냈다.
그렇다면 잠에 쉽게 빠질 수 있도록 스스로 유도하기 위해 준비단계까지 총 5단계의 자기 암시를 차례대로 따라 해보자.

0단계(준비 단계) : 내 마음이 편안하다.

1단계 : 오른팔이 무겁다.

2단계 : 양팔이 무겁다.

3단계 : 양팔과 양다리가 무겁다.

4단계 : 팔다리가 무겁고 따뜻하다.

준비 단계에서는 침대에 편안하게 누워 '내 마음이 편안하다'고 암시를 주면서 몸을 이완해 나간다. 마음이 편해져 가며 점차 의식이 가라앉는 느낌이 들 때까지 집중한다. **1단계**에서는 오른팔에 집중한 채 '오른팔이 무겁다'고 말하면서 무게를 느낀다. **2단계**에서는 양팔 모두에 집중하고, **3단계**에서는 마음을 양팔과 양다리에 두고 단계적으로 무거움을 느낀다. **4단계**에서는 '팔다리가 무겁고 따뜻하다'라고 말하면서 무거움과 따뜻함을 느낀다. 이것이 마음을 안정시키고, 수면을 유도하는 1회 코스이다.

처음에는 쉽지 않겠지만 숙달되면, 자신이 내뱉는 말처럼 '편안함', '무거움', '따뜻함'을 실제로 경험할 수 있다. 스스로 내뱉는 말에 뇌가 속기 때문이다. 불면증으로 고통받는 사람이라면 침대에 누운 채로 이 코스를 서너 차례 반복하면 된다. 경우에 따라서는 열 번이 넘게 해야 할 수도 있다. 편안하게 반복하는 사이에 서서히 달콤한 잠에 빠지고, 하루 동안의 힘든 일을 잊을 수 있을 것이다.

나를 지키는 법을 알아야 단단해질 수 있다

코로나19 바이러스가 계속되며 많은 이가 필자에게 상담을 요청해오고 있습니다. 대학 특강에서 만난 대학생, 신입사원 리더십 교육을 받은 직장인, 지자체가 주최한 대화법 및 학부모 소통법 강의에서 알게 된 주부, 연수원 및 기관에서 교육을 받은 공무원 등. 구체적인 상황은 다르지만 내용은 비슷합니다. '너무 힘들다'는 것입니다.

실제로 알 수 없는 미래에 대한 불안감과 막막함 때문에 코로나 블루COVID-19 Blue, 즉 '코로나 우울증'이라는 신조어가 생기기도 했습니다. 필자 역시 대면 강의를 할 수 없어 힘든 시간을 보내고 있습니다. 부정적인 뉴스를 자꾸 접하다 보면, 당연히 부정적인 생각을 많이 하게 됩니다. 이런 시기에 오늘을 잘 버텨내고, 내일 또 힘차게 살아갈 힘을 비축할 수 있도록 도와주는 것이 바로 심리학입니다.

『나를 지키는 매일 심리학』이라고 제목을 지은 이유는 이 책의 모든 심리 법칙이 '나'에 집중되어 있기 때문입니다. 사람은 누구나 실패하기도 하고, 잘못된 선택으로 후회하기도 합니다. '왜 이렇게 일이 꼬이는 거지' 싶을 정도로 하는 일마다 안 풀리는 시기도 있습니다. 그럴 때 우리에게 필요한 것은 자신을 되돌아보고, 미래를 고민하는 시간입니다.

앞에서 말했듯, 힘들다면 잠깐 멈춰서도 됩니다. 무조건 앞으로 나가고, 발전하려고 노력하지 않아도 됩니다. 당신이 너무 힘들다면, 지금부터 모든 조건을 '나' 자신에 우선해볼까요? 나를 지키는 일이 최우선이 되어야 합니다.

물론 심리 법칙을 안다고 해서 모든 고민이 즉각적으로 해결되거나 우울한 기분이 바로 사라지지는 않을 것입니다. 그러나 자신이 느끼는 감정의 원인과 해결책을 알고, 따라 해보려고 노력하는 것만으로도 분명히 큰 도움이 됩니다.

이 책의 다양한 사례는 대부분 필자가 강연을 통해 만났던 분들이 직접 들려주신 고민을 가공한 것입니다. 필자를 믿고 속마음을 털어놓아준 분들께 고마운 마음을 전합니다. 또한, 좋지 못한 상황에서도 용기와 희망을 잃지 않도록 응원해주시는 존경하는 어머니, 아버지와 변치 않는 배려와 격려를 해주는 영원한 동반자 남편에게도 감사를 전합니다. 마지막으로 어려운 이들을 돕는 선한 영향력, 선한 삶의 표본이 되어주시는 교회 담임목사님(前 충청연회 유영완 감독님), 지치고 힘겨울 때도 등 뒤에서 큰 힘이 되어주시는 하나님께 감사드립니다.

무엇보다 이 책을 읽어주신 분들에게 감사드리며, 이 책이 작은 위로이자 해결책이 되었으면 좋겠습니다.

오수향

참고 자료

- 『너 이런 심리법칙 알아?』, 이동귀, 21세기북스, 2016. 11
- 한국심리학 용어 사전, 한국심리학협회
  (terms.naver.com/list.nhn?cid=41991&categoryId=41991)
- 한국심리학회
  (www.koreanpsychology.or.kr)
- 정신이 건강해야 삶이 행복합니다, HIDOC 지음, 대한신경정신의학회 감수
  (terms.naver.com/list.nhn?cid=51011&categoryId=51011&so=st4.asc)
- 국가건강정보포털 의학정보
  (health.cdc.go.kr/health/Main.do)

심리 법칙 인덱스